釈尊の呼びかけを聞く

阿弥陀経入門

AMIDAKYONYUMON

一楽　真

本書について

本書は、当派が発行する『同朋新聞』（二〇一八年三月号〜二〇一九年十月号）に連載された一楽真氏の「阿弥陀経に聞く」（全二十回）に加筆・修正をいただき、書籍化したものです。

特に『阿弥陀経』は、真宗門徒にとって親しみのあるお経です。本書は、その内容を学び、あじわうための入門書となることを願い発行しました。

はじめにお経全文の書き下しにふれていただき、そして、経文にこめられた仏意（おこころ）を尋ねていく内容となっています。

また、お経の区切りごとに一楽氏による意訳を掲載しています。

是非、本書をくり返しお読みいただくことをとおして、お盆のお勤めやご法事の場等で読まれている『阿弥陀経』にあらためてふれていただき、釈尊の教えに出遇っていただけることを願っています。

東本願寺出版

『阿弥陀経入門』目次

・本文中の真宗聖典とは、東本願寺出版発行の『真宗聖典』を指します。

『仏説阿弥陀経』書き下し文

・書き下しの表記は真宗聖典（一二五～一三四頁）に合わせています。
・書き下し文の下に本書の該当頁を記しています。

仏説阿弥陀経《ぶっせつあみだきょう》

姚秦《ようしん》の三蔵法師《さんぞうほっし》鳩摩羅什《くまらじゅう》、詔《しょう》を奉《うけたまわ》りて訳す

かくのごとき、我《われ》聞きたまえき。一時《ひととき》、仏、舎衛国《しゃえこく》の祇樹《ぎじゅ》給孤独園《ぎっこどくおん》にましまして、大比丘衆《だいびくしゅ》千二百五十人と倶《とも》なりき。みなこれ大阿羅漢《だいあらかん》なり。衆《しゅう》に知識せられたり。長老舎利弗《ちょうろうしゃりほつ》・摩訶目犍連《まかもつけんれん》・摩訶迦葉《まかかしょう》・摩訶迦旃延《まかかせんねん》・摩訶倶絺羅《まかくちら》・離婆多《りはだ》・周利槃陀伽《しゅりはんだか》・難陀《なんだ》・阿難陀《あなんだ》・羅睺羅《らごら》・憍梵波提《きょうぼんはだい》・賓頭盧頗羅堕《びんずるはらだ》・迦留陀夷《かるだい》・摩訶劫賓那《まかこうひんな》・薄拘羅《はつくら》・阿㝹楼駄《あどろうだ》、かくのごときらのもろもろの大弟子、ならびにもろもろの菩薩摩訶薩《ぼさつまかさつ》、文殊師利法王子《もんじゅしりほうおうじ》・阿逸多菩薩《あいったぼさつ》・乾陀訶提菩薩《けんだかだいぼさつ》・常精進菩薩《じょうしょうじんぼさつ》、かくのごときらのもろもろの大菩薩《だいぼさつ》、および釈提桓因等《しゃくだいかんいんとう》の無量の諸天・大衆《だいしゅう》と倶《とも》なりき。

《本書該当頁》

かくのごとき、我〜 20頁
みなこれ大阿羅漢〜 26頁

その時に、仏、長老舎利弗《ちょうろうしゃりほつ》に告げたまわく、「これより西《さい》方《ほう》に、十万億《じゅうまんおく》の仏土《ぶつど》を過ぎて、世界あり、名づけて極楽《ごくらく》と曰《い》う。その土に仏まします、阿弥陀《あみだ》と号す。いま現にましまして法を説きたまう。舎利弗《しゃりほつ》、かの土を何のゆえぞ名づけて極楽とする。その国の衆生《しゅじょう》、もろもろの苦あることなし、但《ただ》もろもろの楽を受く、かるがゆえに極楽と名づく。

また舎利弗《しゃりほつ》、極楽国土には七重の欄楯《らんじゅん》・七重の羅網《らもう》・七重の行樹《ぎょうじゅ》あり。みなこれ四宝《しほう》をもって、周帀《しゅうそう》し囲繞《いにょう》せり。このゆえにかの国を、名づけて極楽と曰《い》う。

また舎利弗《しゃりほつ》、極楽国土には、七宝《しっぽう》の池あり。八功徳水《はっくどくすい》その中に充満せり。池の底にもっぱら金沙《こんしゃ》をもって地に布《し》けり。四辺に階道あり、金《こん》・銀《ごん》・瑠璃《るり》・玻瓈《はり》、合成《ごうじょう》せり。上に楼閣《ろうかく》あり、また金《こん》・銀《ごん》・瑠璃《るり》・玻瓈《はり》・硨磲《しゃこ》・赤珠《しゃくしゅ》・碼碯《めのう》をもってして、これを厳飾《ごんじき》せり。池の中の蓮華《れんげ》、大きさ車輪のごとし。青き色には青き光、黄なる色には黄なる光、赤き色には

その時に、仏、長老～ 32頁

また舎利弗、極楽～ 38頁

赤き光、白き色には白き光あり。微妙香潔《みみようこうけつ》なり。舎利弗《しやりほつ》、極楽国土には、かくのごときの功徳荘厳《くどくしようごん》を成就せり。

また舎利弗、かの仏国土《ぶつこくど》には、常に天の楽《がく》を作《な》す。黄金を地とす。昼夜六時に、天の曼陀羅華《まんだらけ》を雨《ふ》る。その国の衆生《しゆじよう》、常に清旦《しようたん》をもって、おのおの衣裓《えこく》をもって、もろもろの妙華を盛《い》れて、他方の十万億《じゆうまんおく》の仏を供養したてまつる。すなわち食時《じきじ》をもって、本国に還《かえ》り到《いた》りて、飯食《ぼんじき》し経行《きようぎよう》す。舎利弗《しやりほつ》、極楽国土には、かくのごときの功徳荘厳《くどくしようごん》を成就せり。

また次《つぎ》に、舎利弗、かの国には常に種種《しゆじゆ》の奇妙雑色《きみようざつしき》の鳥あり。白鵠《びやつこう》・孔雀《くじやく》・鸚鵡《おうむ》・舎利《しやり》・迦陵頻伽《かりようびんが》・共命《ぐみよう》の鳥なり。このもろもろの衆鳥《しゆちよう》、昼夜六時に和雅《わげ》の音《こえ》を出《い》だす。その音《こえ》、五根《ごこん》・五力《ごりき》・七菩提分《しちぼだいぶん》・八聖道分《はつしようどうぶん》、かくのごときらの法を演暢《えんちよう》す。その土の衆生《しゆじよう》、この音《こえ》を聞き已《おわ》りて、みなことごとく仏を念じ、法を念じ、僧を念ず。舎利弗《しやりほつ》、汝《なんじ》、この鳥は実にこれ罪報の所生《しよしよう》なりと謂《おも》うことなかれ。所以《ゆえ》は何《いか》ん。かの

また舎利弗、かの仏国～
44頁

また次に、舎利弗～
50頁

仏国土《ぶつこくど》には三悪趣《さんあくしゅ》なければなり。舎利弗《しゃりほつ》、その仏国土には、なお三悪道《さんあくどう》の名なし。何《いか》にいわんや実にこのもろもろの衆《しゅ》鳥《ちょう》あらんや。みなこれ阿弥陀仏《あみだぶつ》、法音をして宣流《せんる》せしめんと欲《ほっ》して、変化《へんげ》して作《な》したまうところなり。舎利弗《しゃりほつ》、かの仏国《ぶっこく》土《ど》には、微風《みふう》、もろもろの宝の行樹《ぎょうじゅ》および宝の羅網《らもう》を吹き動かすに、微妙《みみょう》の音《こえ》を出《い》だす。たとえば百千種の楽《がく》の同時に倶《とも》に作《な》すがごとし。この音《こえ》を聞く者、みな自然《じねん》に念仏《ねんぶつ》・念法《ねんぽう》・念僧《ねんそう》の心を生ず。舎利弗、その仏国土には、かくのごときの功徳荘厳《くどくしょうごん》を成就せり。

舎利弗、汝《なんじ》が意《こころ》において云何《いかん》。かの仏を何のゆえぞ阿弥陀《あみだ》と号する。舎利弗、かの仏の光明、無量にして、十方の国を照らすに、障碍《しょうげ》するところなし。このゆえに号して阿弥陀《あみだ》とす。また舎利弗、かの仏の寿命およびその人民《にんみん》も、無量無辺《むりょうむへん》阿僧祇劫《あそうぎこう》なり、かるがゆえに阿弥陀《あみだ》と名づく。舎利弗《しゃりほつ》、阿弥《あみ》陀仏《だぶつ》、成仏《じょうぶつ》より已来《このかた》、いまに十劫《じっこう》なり。また舎利弗、かの仏

舎利弗、汝が意に～　58頁

また舎利弗、かの仏に～　64頁

に無量無辺の声聞《しょうもん》の弟子あり、みな阿羅漢《あらかん》なり。これ算数《さんじゅ》の能《よ》く知るところにあらず。もろもろの菩薩衆《ぼさつしゅ》もまたまたかくのごとし。舎利弗《しゃりほつ》、かの仏国土《ぶっこくど》には、かくのごときの功徳《くどく》荘厳《しょうごん》を成就せり。

また舎利弗、極楽国土の衆生《しゅじょう》と生まるる者は、みなこれ阿《あ》鞞跋致《びばっち》なり。その中に、多く一生補処《いっしょうふしょ》あり、その数はなはだ多し。これ算数《さんじゅ》の能《よ》くこれを知るところにあらず。但《ただ》、無《む》量《りょう》無《む》辺《へん》阿《あ》僧《そう》祇《ぎ》劫《こう》をもって説くべし。舎利弗《しゃりほつ》、衆生《しゅじょう》聞かん者、応当《まさ》に願を発《おこ》しかの国に生まれんと願ずべし。所以《ゆえ》は何《いかん》。かくのごときの諸上善人と倶《とも》に一処《いっしょ》に会《え》することを得《う》ればなり。舎利弗《しゃりほつ》、少善根福徳《しょうぜんごんふくとく》の因縁《いんねん》をもって、かの国に生まるることを得《う》べからず。

舎利弗《しゃりほつ》、もし善男子《ぜんなんし》・善女人《ぜんにょにん》ありて、阿弥陀仏《あみだぶつ》を説くを聞きて、名号を執持《しゅうじ》すること、もしは一日、もしは二日、もしは三日、もしは四日、もしは五日、もしは六日、もしは七

舎利弗、少善根福徳の～

70頁

日、一心にして乱《みだ》れざれば、その人、命終《みようじゆう》の時に臨《のぞ》みて、阿《あ》弥陀仏《みだぶつ》、もろもろの聖衆《しようじゆ》と、現じてその前にましまさん。この人、終わらん時、心顚倒《てんどう》せずして、すなわち阿弥陀仏《あみだぶつ》の極楽国土に往生することを得《え》ん。舎利弗《しやりほつ》、我この利を見るがゆえに、この言《ごん》を説く。もし衆生《しゆじよう》ありてこの説を聞かん者は、応当《まさ》に願を発《おこ》しかの国土に生ずべし。

舎利弗、我《わ》がいま阿弥陀仏《あみだぶつ》の不可思議の功徳を讃歎《さんだん》するがごとく、東方に、また、阿閦鞞仏《あしゆくびぶつ》・須弥相仏《しゆみそうぶつ》・大須弥仏《だいしゆみぶつ》・須《しゆ》弥光仏《みこうぶつ》・妙音仏《みようおんぶつ》、かくのごときらの恒河沙数《ごうがしやしゆ》の諸仏《しよぶつ》ましまして、おのおのその国にして、広長の舌相を出《い》だして、遍《あまね》く三千大千世界に覆《おお》いて、誠実《じようじつ》の言《ごん》を説きたまう。汝等衆生《なんじらしゆじよう》、当《まさ》にこの不可思議の功徳を称讃《しようさん》する一切諸仏に護念せらるる経を信ずべし。

舎利弗《しやりほつ》、南方の世界に、日月燈仏《にちがつとうぶつ》・名聞光仏《みようもんこうぶつ》・大焔肩仏《だいえんけんぶつ》・須弥燈仏《しゆみとうぶつ》・無量精進仏《むりようしようじんぶつ》、かくのごときらの恒河沙数《ごうがしやしゆ》の諸仏

舎利弗、我この利を〜　76頁
舎利弗、我がいま〜　82頁

ましまして、おのおのその国にして、広長の舌相を出《い》だして、遍《あまね》く三千大千世界に覆《おお》いて、誠実《じょうじつ》の言《ごん》を説きたまう。汝《なんじ》等衆生《らしゅじょう》、当《まさ》にこの不可思議の功徳を称讃《しょうさん》する一切諸仏に護念せらるる経を信ずべし。

舎利弗《しゃりほつ》、西方の世界に、無量寿仏《むりょうじゅぶつ》・無量相仏・無量幢仏《むりょうどうぶつ》・大光仏・大明仏《だいみょうぶつ》・宝相仏《ほうそうぶつ》・浄光仏《じょうこうぶつ》、かくのごときらの恒河《ごうが》沙数《しゃしゅ》の諸仏ましまして、おのおのその国にして、広長の舌相を出《い》だして、遍《あまね》く三千大千世界に覆《おお》いて、誠実《じょうじつ》の言《ごん》を説きたまう。汝等衆生《なんじらしゅじょう》、当《まさ》にこの不可思議の功徳を称讃《しょうさん》する一切諸仏に護念せらるる経を信ずべし。

舎利弗《しゃりほつ》、北方の世界に、焔肩仏《えんけんぶつ》・最勝音仏・難沮仏《なんそぶつ》・日《にっ》生仏《しょうぶつ》・網明仏《もうみょうぶつ》、かくのごときらの恒河沙数《ごうがしゃしゅ》の諸仏ましまして、おのおのその国にして、広長の舌相を出《い》だして、遍《あまね》く三千大千世界に覆《おお》いて、誠実《じょうじつ》の言《ごん》を説きたまう。汝等衆生《なんじらしゅじょう》、当《まさ》にこの不可思議の功徳を称讃《しょうさん》する一切諸仏に護念せらるる経を信ずべし。

舎利弗《しゃりほつ》、下方《げほう》の世界に、師子仏《ししぶつ》・名聞仏《みょうもんぶつ》・名光仏《みょうこうぶつ》・達摩仏《だつまぶつ》・法幢仏《ほうどうぶつ》・持法仏、かくのごときらの恒河沙数の諸仏ましまして、おのおのその国にして、広長の舌相を出《い》だして、遍《あまね》く三千大千世界に覆《おお》いて、誠実《じょうじつ》の言《ごん》を説きたまう。汝等衆生《なんじらしゅじょう》、当《まさ》にこの不可思議の功徳を称讃する一切諸仏に護念せらるる経を信ずべし。

舎利弗《しゃりほつ》、上方の世界に、梵音仏《ぼんのんぶつ》・宿王仏・香上仏《こうじょうぶつ》・香光仏・大焰肩仏《だいえんけんぶつ》・雑色宝華厳身仏《ざつしきほうけごんしんぶつ》・娑羅樹王仏《しゃらじゅおうぶつ》・宝華徳仏《ほうけとくぶつ》・見一切義仏・如須弥山仏《にょしゅみせんぶつ》、かくのごときらの恒河沙数の諸仏ましまして、おのおのその国にして、広長の舌相を出《い》だして、遍《あまね》く三千大千世界に覆《おお》いて、誠実《じょうじつ》の言《ごん》を説きたまう。汝等衆生《なんじらしゅじょう》、当《まさ》にこの不可思議の功徳を称讃する一切諸仏に護念せらるる経を信ずべし。

舎利弗《しゃりほつ》、汝《なんじ》が意《こころ》において云何《いかん》。何のゆえぞ、名づけて、一

舎利弗、汝が意に〜

92頁

舎利弗、もし善男子《ぜんなんし》・善女《ぜんによ》人《にん》ありて、この諸仏の所説の名および経の名を聞かん者、このもろもろの善男子・善女人、みな一切諸仏のために共に護念せられて、みな阿耨多羅三藐三菩提《あのくたらさんみやくさんぼだい》を退転せざることを得《う》。このゆえに舎利弗、汝等《なんじら》、みな当《まさ》に我《わ》が語《ことば》および諸仏の所説を信受すべし。舎利弗、もし人ありて、已《すで》に願を発《おこ》し・今《いま》願を発《おこ》し・当《とう》に願を発《おこ》して、阿弥陀仏国《あみだぶつこく》に生まれんと欲《おも》わん者は、このもろもろの人等《ひとら》、みな阿耨多羅三藐三菩提《あのくたらさんみやくさんぼだい》を退転せざることを得て、かの国土において、もしは已《すで》に生じ・もしは今《いま》生じ・もしは当《とう》に生ぜん。このゆえに舎利弗、もろもろの善男子・善女人、もし信あらん者は、応当《まさ》に願を発《おこ》してかの国土に生ずべし。

舎利弗《しやりほつ》、我《わ》がいま諸仏の不可思議の功徳を称讃するごとく、かの諸仏等も、また、我《わ》が不可思議の功徳を称説して、この言《ごん》を作《な》さく、「釈迦牟尼仏《しやかむにぶつ》、能《よ》く甚難希有《じんなんけう》の事《じ》を為《な》し

舎利弗、もし人ありて～ 98頁

舎利弗、我がいま～ 104頁

て、能《よ》く娑婆国土《しゃばこくど》の五濁悪世《ごじょくあくせ》、劫濁《こうじょく》・見濁《けんじょく》・煩悩濁《ぼんのうじょく》・衆生濁《しゅじょうじょく》・命濁《みょうじょく》の中にして、阿耨多羅三藐三菩提《あのくたらさんみゃくさんぼだい》を得て、もろもろの衆生のために、この一切世間に信じ難き法を説きたまう」と。舎利弗《しゃりほつ》、当《まさ》に知るべし。我《われ》五濁《ごじょく》悪世にして、この難事を行じて、阿耨多羅三藐三菩提《あのくたらさんみゃくさんぼだい》を得て、一切世間のために、この難信の法を説く。これをはなはだ難《かた》しとす。」

仏《ぶつ》、この経を説きたまうことを已《おわ》りて、舎利弗《しゃりほつ》およびもろもろの比丘《びく》、一切世間の天・人《にん》・阿修羅等《あしゅらとう》、仏の所説を聞きたまえて、歓喜《かんぎ》し、信受して、礼《らい》を作《な》して去りにき。

仏説阿弥陀経《ぶっせつあみだきょう》

はじめに

それでは、みなさんとご一緒に『阿弥陀経《あみだきょう》』のこころを尋ねてまいりたいと思います。『阿弥陀経』は、詳しくは『仏説阿弥陀経《ぶっせつあみだきょう》』と言い、『仏説《ぶっせつ》無量寿経《むりょうじゅきょう》』（大無量寿経《だいむりょうじゅきょう》、大経《だいきょう》）、『仏説観無量寿経《ぶっせつかんむりょうじゅきょう》』（観経《かんぎょう》）とあわせて「浄《じょ》土三部経《うどさんぶきょう》」と呼ばれます。また、「大経」に対して『阿弥陀経』は「小経《しょうきょう》」とも呼ばれます。阿弥陀仏とその国である極楽（浄土）について説かれた経典です。

日頃のお勤めでは、親鸞聖人がお作りになられた「正信偈《しょうしんげ》」や「和讃《わさん》」を読むことが多いと思います。「正信偈」はお聖教《しょうぎょう》でありますが、お経とは言いません。お経は、どこまでも釈尊《しゃくそん》（お釈迦さま、仏陀《ぶっだ》とも言います）が説かれた教えを指し、仏の説法という意味で、「仏説」と呼ばれます。

まずは、お経を読むということについて確かめておきたいことがあります。お経は仏説だと言いましたが、仏とは「覚者《かくしゃ》」という意味です。苦悩を抱え、お互いに傷つけ合うような人間の生き方の根っこに、本当のことを知らない無明《むみょう》があることに目覚めた方です。言い換えれば、どうすれば、安心して人生を尽くしていけるのかということに目覚められたのです。釈尊は、苦しみ傷つけ合う人間の生き方をご覧になり、その痛ましさを超える道を説かれました。それが、たくさんのお経となって伝えられているのです。

その意味では、お経は釈尊からのメッセージと言えます。痛ましい生き方に気づいてほしいという呼びかけの言葉です。

釈尊は目の前の相手の状態を見て、教えを説かれました。思いあがっている人には厳しい言葉で、落ち込んでいる人には優しい言葉で、相手の抱えている問題に応答しながら説法されました。これを「対機説法《たいきせっぽう》」と言います。病気に応じて薬を与えるという意味で、「応病与薬《おうびょうよやく》」とも言われます。

そうして人間の問題の数だけ、悩みの種類に応じて説かれたお経は、「八万四千」という数で表現されます。ただ、気をつけなければならないのは、釈尊の言いたいことがたくさんあったという話ではありません。釈尊は、どの人にも苦しみ傷つけ合う生き方を超えてほしいという、ただ一つの願いに立っておられたのです。ですから、その願いを聞くことがなければ、どれほど多くのお経を読んだとしても、また書き写したり憶《おぼ》えたりしたとしても、釈尊の教えに出遇《であ》ったことにはならないのです。

実際、今から二千五百年前、釈尊に会うことができ、直接に説法を聞くことができた人の中にも、釈尊に背《そむ》いたり、釈尊の元を去っていった人もありました。それは、釈尊の本当に伝えたい願いに出遇えなかったからです。その意味では、教えに遇うということは、なかなか難しいことであると言わなければなりません。それは仏の教えが難しいという意味ではなく、仏の呼びかけを聞くことができない私たちの側の問題です。痛ましい生き方をしていると教えられても、自分は間違ってはいないと思い込んでいる間は、教えの言葉が届かないからです。

お経を読むには、文字になっている言葉を読むことから始めるしかありません。私たちにとっては、中国で漢字に翻訳されたものが一番身近です。ただ、漢文をすらすらと読むことには困難がともないます。それゆえ、漢文に慣れて、仏教用語の意味を少しでも知ると、お経を学んだような気になってしまいがちです。しかし、本当にお経を読むとは、文字に託された仏の願いを聞くことです。言葉をとおして、その言葉が気づかせようとすることに出遇わなければなりません。

『阿弥陀経』が何を呼びかけているのか。ご一緒に耳を澄ませて尋ねていきたいと思います。

一　浄土三部経について

『仏説阿弥陀経』は、『仏説無量寿経』（大経）、『仏説観無量寿経』（観経）とあわせて「浄土三部経」と呼ばれます。「浄土三部経」という呼称は、親鸞聖人の師である法然上人《ほうねんしょうにん》が『選択本願念仏集《せんじゃくほんがんねんぶつしゅう》』（選択集《せんじゃくしゅう》）という著書の中で述べられたのが最初です。この三つの経典が正しく往生浄土を明らかにする教えであることを示されたのです。法然上人はあらゆる経典を集めた「一切経《いっさいきょう》」を五回通読したと伝えられるほど、経典を読みぬかれた方です。六千部近くある「一切経」を四十三歳になるまで読み続けたのです。それは、自分が本当に救われていく道を求め続けたからでした。その中で法然上人は、中国の僧である善導大師《ぜんどうだいし》の言葉をとおして、阿弥陀仏の浄土を説く教えこそが、誰もが迷いを超えることのできる教えだと確信したのです。

はじめから三つの経典がセットになってまとまっているならば、注目するのは容易かもしれません。しかし、膨大《ぼうだい》な経典の中から、この三つを取り上げて依るべき経典であると示すことは簡単ではありません。それは、釈尊が教えを説かれた意図、すなわち仏意《ぶつい》を尋ねていくお仕事でした。ですから、他の経典と比べて、こちらの方が良いと決めるような話ではないのです。それならば、経典を品定めすることに外なりません。迷っている人間が、覚《さと》った仏の説法を評価するなど、越権《えっけん》行為もはなはだしいと言わなければなりません。

釈尊が涅槃《ねはん》に入られる時（亡くなられる時）に説かれたものに、「義に依りて、語に依らざれ」という教えがあります。説法は主に言葉によってなされますが、説いた言葉に執《とら》われてはならないことを戒めています。大切なのは、その言葉が何を伝えようとしているのか、その言葉の意味するところに依らなければならないということです。また、釈尊が言ったことだけを仏説と考えるならば、釈尊が言っていない事柄はどうでも良いともなりかねません。

さまざまに説かれた教えを貫いている願いは何か。異なって見える説き方を、釈尊はなぜしなければならなかったのか。その仏意を尋ねることをとおして、「浄土三部経」が取り出されて、この教えを聞くことが私たちに勧められているのです。

「浄土三部経」という言葉自体は法然上人が最初にお使いになっておられますが、早くには中国の僧である曇鸞大師《どんらんだいし》がインドの天親菩薩《てんじんぼさつ》の『浄土論』を註釈《ちゅうしゃく》するにあたり、この三経に注意しています。曇鸞大師は、天親菩薩が拠《よ》り所とした「無量寿経」が、王舎城《おうしゃじょう》という都市の耆闍崛山《ぎしゃくっせん》という山で説かれた『大経』と『観経』に加えて、舎衛国《しゃえこく》という都市の祇樹給孤独園《ぎじゅぎっこどくおん》という場所で説かれた『阿弥陀経』を指していることを明示しているのです。ここには、三つの経典がバラバラに存在するものではなく、一つの課題に貫かれていることへの着眼があります。

このような先達の受けとめをふまえて、親鸞聖人は「正信偈」において「如来所以興出世　唯説弥陀本願海」《にょらいしょいこうしゅっせ　ゆいせつみだほんがんかい》と詠《うた》われたのです。「如来、世に興《こう》出《しゅつ》したまうゆえは、ただ弥陀《みだ》本願海《ほんがんかい》を説かんとなり」と読みますが、釈尊がこの世にお出ましになった理由は、弥陀の本願を説くことだけにあったと言い切られています。経典によって語られていることは違っていても、その願いは弥陀の本願を説く一点にあるというのです。それは、弥陀の本願によってどんな者ももれることなく迷いを超える道が開かれていることがはっきりしたからです。それゆえ、弥陀の本願という言葉が直接に出ていない経典であっても、弥陀の本願に導く意図が流れていると見たわけです。他に例のない読み取りです。

この意味で、親鸞聖人にとって「浄土三部経」は、たくさんある経典の中の三つということにとどまりません。ありとあらゆる経典を貫く願いが説かれている経典と見ておられるのです。『阿弥陀経』を読む際には、この親鸞聖人の視点を大事にしなければなりません。また、『大経』・『観経』との関わりにも注意していく必要があります。

二　阿弥陀経という経典——無問自説経《むもんじせつきょう》

『阿弥陀経』が声に出して読まれる時には、「舎利弗《しゃりほ》」という言葉が何度も聞こえてきます。どんな意味だろうと気になった方もいらっしゃるのではないでしょうか。舎利弗《しゃりほつ》とは人の名前で、釈尊のお弟子の一人です。智慧第一と称され、十大弟子の一人にも数えられます。インドの言葉ではサーリプッタとも、シャーリプトラとも言われ、その音を漢字に当てて、舎利弗と書かれます。「舎利子《しゃりし》」という字が当てられている経典もありますが、同じ人です。

舎利弗は若い頃から、人間にとっての本当の喜び、本当の満足を求めていました。友人の目連《もくれん》（摩訶目犍連《まかもっけんれん》）とともに有名な師匠に弟子入りしましたが、心から満足することはできませんでした。そんな時に釈尊のお弟子の一人に会ったことが縁となり、釈尊の教えに帰依します。釈尊の教えを深く受けとめ、後には釈尊に代わって説法することもあったようです。『阿弥陀経』では、「舎利弗よ」「また舎利弗よ」「このゆえに舎利弗よ」と、釈尊が舎利弗に繰り返し呼びかけています。中には、舎利弗に対して

「あなたはどう考えるか」と尋ねる箇所もありますが、その際に舎利弗が自分の意見を述べる前に、釈尊が先に問いに対する答えをおっしゃいます。これはどうしてでしょうか。

釈尊が説法される際には、何らかの問題に応答して説かれるのが基本です。先にもお話ししましたが、それを「対機説法」と言います。病に応じて薬を与える（応病与薬）とも喩《たと》えられます。「浄土三部経」を見ても、『無量寿経』は、お弟子の阿難《あなん》がいつもと異なる釈尊のお姿に気づいて、その理由を尋ねたことから説法が始まっていきます。また『観無量寿経』では、アジャセ王子が父のビンバシャラ王を殺害するという痛ましい出来事が発端となり、アジャセの母であるイダイケの苦悩に応答して法が説かれます。

これに対して『阿弥陀経』は、特に問題が起こっていたわけではありません。お弟子や菩薩たちが集まっているところで、釈尊が舎利弗に対して法を説き始められるのです。親鸞聖人は、この経は「無問自説経《むもんじせつきょう》」ともうす。この経をときたまいしに、如来《にょらい》にといたてまつる人もなし。これすなわち、釈尊出世《しゃくそんしゅっせ》の本懐《ほんがい》をあらわさんとおぼしめすゆえに、無問自説ともうすなり。

（『一念多念文意』真宗聖典五四〇頁）

と述べられています。誰も問いを発していないのに、釈尊がみずからお説きになられた経だと言うのです。「釈尊出世の本懐」と言われるように、釈尊がこの世にお出ましになられた本意が表されているのです。

「無問自説」は単なるお経の形式に過ぎないと思われるかもしれません。しかし、親鸞聖人は形式にとどまるものではなく、釈尊がどうしても語りたいこと、語っておかねばならないことを説かれた経典だと見られたのです。その際に智慧第一と言われる舎利弗が呼ばれることには大きな意味があります。舎利弗であれば、何を語っても間違いなく届いていくという信頼がまずあります。

大切なことを伝えておくには舎利弗が最も適任だったとも言えます。しかし、さらに言うならば、さまざまに説いてきた教えの要《かなめ》がどこにあるのかを、あらためて確かめておく必要があったと言えます。智慧第一の舎利弗に対して、釈尊の本意がどこにあるのかを念を押して語られたのです。「舎利弗」と何度も繰り返される呼びかけは、「よいか、舎利弗」と聞こえてきます。

このような意味で、『阿弥陀経』は「釈尊出世の本懐」が端的に表されているお経です。読むたびに、釈尊が最も説きたかったことに遇うことのできるお経なのです。一回読んで終わりではありません。釈尊の本意を繰り返しいただくことが大事です。

三　阿弥陀経の会座《えざ》（一）——祇園精舎《ぎおんしょうじゃ》

■該当箇所書き下し（真宗聖典一二五頁）

かくのごとき、我《われ》聞きたまえき。一時《ひととき》、仏、舎衛国《しゃえこく》の祇樹給孤独園《ぎじゅぎっこどくおん》にましまして、大比丘衆《だいびくしゅ》千二百五十人と倶《とも》なりき。

■意訳

このように私は聞きました。ある時、釈尊《しゃくそん》は舎衛国《しゃえこく》の祇樹給孤独園《ぎじゅぎっこどくおん》におられました。出家の大比丘《だいびく》たち千二百五十人とご一緒でした。

＊　＊　＊

それでは、本文に入って読み進めていきます。多くのお経の初めには「如是我聞《にょぜがもん》（かくのごとき、我《われ》聞きたまえき）」とあります。お経は、釈尊の説法を聞いた人が、まとめて残してきたものです。たまたま覚えていたというようなことでなく、聞いた者の上に生きてはたらく大事な言葉として伝えられてきたのです。「如是」は「このように」という意味ですが、単に「このように聞きました」ということにとどまりません。「如是なること を聞いた」「間違いのない真実を聞いた」という意味が込められていま す。

『阿弥陀経』は、舎衛国の祇樹給孤独園で説かれた教えです。比丘《びく》とは ビクシューという古いインドの言葉の発音を漢字にあてた言葉で、男性の 出家者を指します。大比丘と言われるのは、それぞれにお弟子がいたこと を表しています。千二百五十人の大比丘たちの中でなされた説法です。

舎衛国は、昔インドにあったコーサラという国の首都で、舎衛城とも言 われます。そこには祇樹給孤独園と呼ばれる精舎《しょうじゃ》がありました。祇樹は祇《ぎ》 陀《だ》の樹林《じゅりん》という意味です。祇陀はジェータという名で、コーサラ国の王子 でした。給孤独は一人の長者を指します。この二人によってできたので、 祇樹給孤独園と呼ばれるのです。

給孤独長者はスダッタという名前ですが、孤独で貧しい人に食事などを 提供していたので、人びとは給孤独長者と呼んでいました。ある時、給孤独長者はマガダ国の王舎城に出かけますが、そこでたまたま釈尊の説法を聞く機会を得ます。釈尊の教えに感動した給孤独長者は、ぜひ自分の住む地方でも釈尊の教えを聞けるようにしたいと考え、舎衛国に精舎を建てることを思い立ちます。

祇陀王子の樹林をもらい受けようとしますが、祇陀王子はお金を敷き詰めた分だけ譲ろうと言います。いわば、給孤独長者が本気かどうかを試したのです。ところが給孤独長者は、自分の蔵からすべてのお金を運び出し、広大な地面にお金を敷き始めます。その姿に心打たれた祇陀王子は、自分も協力しようと、樹林を提供したのです。こうして出来たのが祇樹給孤独園です。祇園精舎《ぎおんしょうじゃ》とも言われます。『平家物語』の「祇園精舎の鐘の声、諸行無常の響きあり」という一節は有名ですから、知っている人も多いと思います。

釈尊と仏弟子たちは、基本的には一カ所にとどまることをしませんでした。執着《しゅうじゃく》を離れるためです。ただ、雨期《うき》の期間は遊行《ゆぎょう》すると、虫などの生き物を踏み潰してしまう危険があります。殺生《せっしょう》の罪を造ることを避けるために、雨期の時だけは移動せずに一カ所にとどまり、教えを聞く「安居《あんご》」を行うようになります。祇園精舎では、この安居が二十六回も行われたことが伝えられています。そのため、祇園精舎で説かれた経典は数多く残されていますが、『阿弥陀経』もその一つです。

直接には、出家の比丘《びく》たちの中での説法ですが、祇園精舎に託された願いに思いを馳せる必要があります。私財をなげうった給孤独長者はもちろんですが、それに協力した祇陀王子も、釈尊の説かれる仏法の大事さを思ってのことです。どれだけの人びとが釈尊と比丘たちを取り囲んでいたことでしょう。世間の権力や財力では超えることのできない人間の問題を問い尋ねようとする人びとの熱気が伝わってくるようです。このお経の最後に「一切世間の天・人《にん》・阿修羅等《あしゅらとう》」が歓喜したと述べられるように、ありとあらゆる者に響く法が説かれたのが祇園精舎だったのです。

四　阿弥陀経の会座《えざ》（二）――集《つど》った人びと

■該当箇所書き下し（真宗聖典一二五頁）

みなこれ大阿羅漢《だいあらかん》なり。衆《しゅう》に知識せられたり。長老舎利弗《ちようろうしやりほつ》・摩訶目犍連《まかもつけんれん》・摩訶迦葉《まかかしよう》・摩訶迦旃延《まかかせんねん》・摩訶倶絺羅《まかくちら》・離婆多《りはだ》・周利槃陀伽《しゆりはんだか》・難陀《なんだ》・阿難《あなん》陀《だ》・羅睺羅《らごら》・憍梵波提《きようぼんはだい》・賓頭盧頗羅堕《びんずるはらだ》・迦留陀夷《かるだい》・摩訶劫賓那《まかこうひんな》・薄拘羅《はつくら》・阿㝹楼駄《あどろうだ》、かくのごときらのもろもろの大弟子、ならびにもろもろの菩薩《ぼさつ》摩訶薩《まかさつ》、文殊師利法王子《もんじゆしりほうおうじ》・阿逸多菩薩《あいつたぼさつ》・乾陀訶提菩薩《けんだかだいぼさつ》・常精進菩薩《じようしようじんぼさつ》、かくのごときらのもろもろの大菩薩《だいぼさつ》、および釈提桓因等《しやくだいかんいんとう》の無量の諸天・大《だい》衆《しゆう》と倶《とも》なりき。

■意訳

これらの大比丘たちは、みな阿羅漢《あらかん》で、人びとに仰がれていました。長老舎利弗《しゃりほつ》をはじめとする十六人のお弟子たちがそうです。その他に文殊師利《もんじゅしり》法王子《ほうおうじ》などの大菩薩たち、さらには数えられないほどたくさんの天の神々と多くの人びとも説法を聞きに集まっていました。

＊　＊　＊

『阿弥陀経』の会座《えざ》で、釈尊は千二百五十人の大比丘たちとご一緒だったという部分を前回読みました。それに続いて、その大比丘たちがみな、阿羅漢という覚《さと》りに達していたことを確かめ、どのような方々がいたのかを述べているのがこの部分です。阿羅漢はインドでの発音を漢字に写した言葉で、「応供《おうぐ》」と訳されます。人びとから尊敬され、供養を受けるにふさわしい人を意味します。

ここには、その中でも有名な釈尊の弟子が十六人挙げられています。初めの舎利弗《しゃりほつ》は前にもふれましたが、智慧第一の弟子です。摩訶目犍連《まかもっけんれん》は神《じん》通《ずう》第一、摩訶迦葉《まかかしょう》は頭陀《ずだ》第一、摩訶迦旃延《まかかせんねん》は論義第一、摩訶倶絺羅《まかくちら》は問答第一というように、それぞれに優れた徳をそなえておられます。いろんな第一があるのはとても面白いですが、誰とも代わることのできない存在であることを表しているのです。

今回、注目したいのは、周利槃陀伽《しゅりはんだか》です。周利槃陀伽は周利般特《しゅりはんどく》とも書かれます。兄の勧めで仏弟子《ぶつでし》になるのですが、たいへん物覚えが悪く、四句の偈文《げもん》を三カ月たっても覚えられなかったと言います。自分の愚かさに歎《なげ》く周利槃陀伽に対し、釈尊は箒《ほうき》を一本もたせます。そして「塵《ちり》を払い、垢《あか》を除かん（塵を払いましょう、垢を除きましょう）」と唱えながら掃除をさせたと伝えられます。

釈尊は掃除をしてほしかったのではありません。周利槃陀伽の心が塵や垢にまみれていることに気づいてほしかったのです。実際に、周利槃陀伽はしばらく掃除を続けるうちに、自分が愚かで価値がないと思い込んでいたことに気づきます。自分で自分を値踏みして、自分を苦しめていたことを覚ったのでした。人間の能力や素質を問わずに成り立つ覚りを、周利槃陀伽は証明したと言えます。

千二百五十人の大比丘たちは、一人ひとりが異なった背景をもち、人と違う人生を歩んできた人です。それがみな大阿羅漢だったということは、釈尊の説かれる法が、いかに普遍的なものであり、誰の上にも覚りを開くものであるかを物語っています。

『阿弥陀経』の会座に集まったのは、大比丘ばかりではありませんでした。一切衆生の救いを課題とする文珠菩薩《もんじゅぼさつ》をはじめ、阿逸多菩薩《あいった》・乾陀訶《けんだか》提《だい》菩薩・常精進菩薩《じょうしょうじん》という大菩薩たちもいます。これは菩薩の課題にも応答する説法が始まろうとしていることを表しています。また、釈提桓因《しゃくだいかんいん》（帝釈天《たいしゃくてん》）を代表として、天の無数の神々も集まっています。それは、今から説かれる法が神々にとっても喜びであることを示しています。そして何よりも、数えられないほどたくさんの人びと（大衆）が釈尊の説法に遇《あ》うために、今か今かと待っています。

この意味で、『阿弥陀経』は、一応は出家の弟子である大比丘衆のための説法であるように見えますが、実はこの世のすべての存在の願いに応えているのです。

五

今現在説法《こんげんざいせっぽう》

■該当箇所書き下し（真宗聖典一二六頁）

その時に、仏、長老舎利弗《ちょうろうしゃりほつ》に告げたまわく、「これより西方《さいほう》に、十万億《じゅうまんおく》の仏土《ぶつど》を過ぎて、世界あり、名づけて極楽《ごくらく》と曰《い》う。その土に仏まします、阿《あ》弥陀《みだ》と号す。いま現にましまして法を説きたまう。舎利弗《しゃりほつ》、かの土を何のゆえぞ名づけて極楽とする。その国の衆生《しゅじょう》、もろもろの苦あることなし、但《ただ》もろもろの楽を受く、かるがゆえに極楽と名づく。

■意訳

その時に、釈尊は長老の一人である舎利弗にお告げになりました。ここから西に十万億の仏の世界を過ぎたところに世界がある。その国を極楽《ごくらく》といいます。その世界には仏がおいでになります。阿弥陀《あみだ》と名づけます。今も、現にましまして説法しておられるのです。舎利弗よ、かの世界はなぜ極楽というのか。それは、その国に生きるすべてのものは、苦しみがなく、ただ楽を受けるからである。だから極楽というのです。

いよいよ釈尊の説法が始まる部分です。前にも言いましたが、『阿弥陀経』は「無問自説経《むもんじせっきょう》」です。誰も問う人がいないのに、釈尊がみずから語り出されます。それは、どうしても伝えておきたいことがあったからです。その第一声は、西の方に極楽という世界があって、そこには阿弥陀仏という仏がいらっしゃるということでした。

＊　＊　＊

地球は丸い球体だと知っている現代の私たちからすると、西といってもどのあたりかということが気になるかもしれません。また、正確な西はどっちの方向だととらわれてしまうかもしれません。しかし、ここで言われているのは、阿弥陀仏の極楽という世界があることを知っているかということです。日常の生活の中で、優劣や善悪、損得や勝ち負けに明け暮れしている私たちに対して、比べることのできない世界があることを教えようとしているのです。

阿弥陀は古いインドの発音を漢字に当てた言葉で、「無量寿《むりょうじゅ》」とか「無《む》量光《りょうこう》」と訳されます。無量寿とは、とっても長い寿命という意味ではありません。長さでは決して量ることのできないいのちを意味します。そして、長いとか短いという分量を超えている世界を照らし出す、光のはたらきが無量光と表されるのです。阿弥陀仏の世界を知らないと、人間は自分の思いを中心に量っていくことをやめられません。人に対しても、すぐに役に立つか立たないかを基準に見てしまいます。しまいには、生きている価値が有るか無いかとまで言い出します。そうやって、人を量るだけでなく自分も量ることで、人を傷つけ、自分も傷ついているのではないでしょうか。そんな私たちに、比べられない世界があることを知っているかと、釈尊は呼びかけているのです。

極楽では、今も現に阿弥陀仏が説法していると言われています。比べられないいのちの世界を教えてくださっているのです。この阿弥陀仏の教えにいつでもふれることができるのが極楽です。比べる必要がなかったことを知らされる世界であるから、極楽なのです。そのことが次の言葉でわかります。「舎利弗、かの土を何のゆえぞ名づけて極楽とする」と釈尊は舎利弗に尋ねながらも、舎利弗の答えを待たずに語り続けられます。「その国の衆生、もろもろの苦あることなし、但《ただ》もろもろの楽を受く、かるがゆえに極楽と名づく」と。

極楽世界の楽が何であるかは、もう少し後に説かれますが、ここでは、極楽世界に生きるすべての者には苦しみがないことが示されます。一言で言うならば、比べることからの解放があるのです。価値づけの中で優劣を競うことに振り回されない生き方が開かれるのです。このような阿弥陀仏の世界があることを、まず第一に釈尊は教えています。そして、阿弥陀仏の世界を生きなさいと呼びかけているのです。

六　極楽の荘厳（一）

——七宝《しっぽう》の世界

■該当箇所書き下し（真宗聖典一二六～一二七頁）

また舎利弗《しゃりほつ》、極楽国土には七重の欄楯《らんじゅん》・七重の羅網《らもう》・七重の行樹《ぎょうじゅ》あり。みなこれ四宝《しほう》をもって、周帀《しゅうそう》し囲繞《いにょう》せり。このゆえにかの国を、名づけて極楽と曰《い》う。また舎利弗《しゃりほつ》、極楽国土には、七宝《しっぽう》の池あり。八功徳水《はっくどくすい》その中に充満せり。池の底にもっぱら金沙《こんしゃ》をもって地に布《し》けり。四辺に階道あり、金《こん》・銀《ごん》・瑠璃《るり》・玻瓈《はり》、合成《ごうじょう》せり。上に楼閣《ろうかく》あり、また金《こん》・銀《ごん》・瑠璃《るり》・玻《は》瓈《り》・硨磲《しゃこ》・赤珠《しゃくしゅ》・碼碯《めのう》をもってして、これを厳飾《ごんじき》せり。池の中の蓮華《れんげ》、大きさ車輪のごとし。青き色には青き光、黄なる色には黄なる光、赤き色には赤き光、白き色には白き光あり。微妙香潔《みみょうこうけつ》なり。舎利弗《しゃりほつ》、極楽国土には、かくのごときの功徳荘厳《くどくしょうごん》を成就せり。

■意訳

また舎利弗よ、阿弥陀仏の極楽国には、七重の欄干《らんかん》と七重の羅網《らもう》と七重に並んだ樹木があります。すべてが金・銀・瑠璃《るり》・玻瓈《はり》の四宝《しほう》で取り囲まれ、飾られています。それゆえにかの国を極楽というのです。また舎利弗よ、極楽には七宝《しっぽう》の池があります。八功徳《はっくどく》の水で満たされており、池の底は金の砂が敷かれています。池の四方には降りやすい階段があり、金・銀・瑠璃・玻瓈によって飾られています。また池の上には高い楼閣《ろうかく》があり、やはり金・銀・瑠璃・玻瓈・硨磲《しゃこ》・赤珠《しゃくしゅ》・碼碯《めのう》などの宝物で飾られています。池の中の蓮華《れんげ》は大きさが車輪ほどもあり、青い花は青く光り、黄色の花は黄に光り、赤い花は赤く光り、白色の花は白く光っています。どれも微妙《みみょう》で清らかに香っています。舎利弗よ、極楽国土は、このような功《く》徳荘厳《どくしょうごん》が成就しているのです。

＊　＊　＊

舎利弗に対して、西方に阿弥陀仏の極楽世界があることを教えられた釈尊は、続いて極楽世界の様子を説かれます。建物に備わる欄干《らんかん》、虚空《こくう》を覆《おお》う羅網《らもう》（世界を覆う網）、そして大地に生《お》い茂《しげ》る樹木、どれも欠け目がないことが七重という言葉で表されています。しかも、どれもが金・銀・瑠《る》璃《り》・玻瓈《はり》などの宝をもって飾られています。さらに極楽世界には七宝《しっぽう》の池があり、その水は清らかに澄み、ほどよく冷たく、身体を潤《うるお》してくれるなどの八つの功徳（すぐれたはたらき）をそなえています。また、池の底には金の砂が敷き詰められ、池に降りる階段も整っていて、やはり宝をもって飾られています。

初めて、このお経の内容を聞くならば、そんな世界があるはずがないと思う人もいるでしょう。あるいは、宝物がたくさんある世界なら、ぜひとも行ってみたいと思う人もいるかもしれません。極楽世界が宝物で飾られているというのは、何を意味しているのでしょうか。

極楽世界を語る際には、金・銀・瑠璃・玻瓈の四宝《しほう》や金・銀・瑠璃・玻瓈・硨磲《しゃこ》・赤珠《しゃくしゅ》・碼碯《めのう》といった七宝が出てきます。しかし、これは決して豪華なものがあるということを言いたいわけではありません。一言で言うならば、すべてが宝物だということです。人間はどうしても高いか安いかという値段で見る癖がついています。その見方によって、価値のあるものと、価値のないものを瞬時に判断しながら生きているのが、日ごろの生活です。しかし、仏の眼からは、すべての存在にそれぞれの価値があるのです。さらに言えば、人間の価値判断では量ることのできないような存在の重さがあるのです。

それを語っているのが、それに続く次の言葉です。「池の中の蓮華《れんげ》、大きさ車輪のごとし。青き色には青き光、黄なる色には黄なる光、赤き色には赤き光、白き色には白き光あり。微妙香潔《みみょうこうけつ》なり」。大きな車輪ほどの蓮華が池の中に咲き、それぞれの蓮華にはそれぞれの輝きがあります。決して他の蓮華と交換することはできません。それを、釈尊は「青色青光、黄色黄光、赤色赤光、白色白光」と教えているのです。

花を見る際にも値段で比べたり、自分の好き嫌いで見たりするのが人間です。だから、どうしても、それぞれの花がそれぞれに輝いていることに気づけません。そんな人間に対して、日ごろの物の見方が自分中心でしかないことを教え、金銭的な価値や好き嫌いで量っていることの愚かさに気づかせようとしているのです。

極楽世界の建物や虚空や樹木や池、そして蓮華などは、物差しで量れない無量寿の世界を表しています。それが荘厳功徳《しょうごんくどく》です。『阿弥陀経』は、極楽世界の荘厳を説いて、あらゆる存在の本当の姿を教えているのです。宝物を追い求める人間にとっては、本当の宝物は何かということを知らせるのが荘厳功徳のもつはたらきだと言えます。

七　極楽の荘厳（二）

——極楽に生まれた者の生活

■該当箇所書き下し（真宗聖典一二七頁）

また舎利弗、かの仏国土《ぶつこくど》には、常に天の楽《がく》を作《な》す。黄金を地とす。昼夜六時に、天の曼陀羅華《まんだらけ》を雨《ふ》る。その国の衆生《しゅじょう》、常に清旦《しょうたん》をもって、おのおの衣裓《えこく》をもって、もろもろの妙華を盛《い》れて、他方の十万億《じゅうまんおく》の仏を供養したてまつる。すなわち食時《じきじ》をもって、本国に還《かえ》り到《いた》りて、飯食《ぼんじき》し経行《きょうぎょう》す。舎利《しゃり》弗《ほつ》、極楽国土には、かくのごときの功徳《くどく》荘厳《しょうごん》を成就せり。

■意訳

また舎利弗よ、阿弥陀仏の極楽国土は、常に天の音楽が響いています。黄金を大地としていて、昼も夜も常に、天から曼陀羅華《まんだらけ》が降っています。その国の衆生は、いつも夜明けになると、それぞれが器《うつわ》に妙華《みょうけ》を盛って、他方の十万億の仏を供養します。そして一食ほどの短い間で本の国、すなわち極楽国土に還《かえ》って、飯食《ぼんじき》し経行《きょうぎょう》します。舎利弗よ、極楽国土には、このような功徳《くどく》荘厳《しょうごん》が成就しているのです。

＊　＊　＊

前回から、極楽世界のすがたを釈尊がお説きになる部分を読んでいます。今回も舎利弗に対して、阿弥陀仏の国がどのような世界であるかを教えておられる部分です。天の音楽が響いて、大地は黄金で、天から華が降ってくる。何とも優雅な雰囲気です。ただ、これは実体的に考えてはならないと思います。私たちの日常を超えた阿弥陀仏の世界を示して、私たちを阿弥陀仏の国に導くための教えです。つまり、あえてわかりやすい形をとった「荘厳」なのです。

「荘厳」は一般には「そうごん」と読まれ、「おごそかなこと」「重々しいこと」を意味します。もとは仏教の言葉で「しょうごん」と読みます。「美しく飾る」という意味です。ただ、飾るといっても、七夕《たなばた》の飾りつけやクリスマスツリーのイルミネーションなどとは違います。もともと形を超えたものを、あえて形で表しているのです。例えば、私たちも感謝の気持ちを表す場合には、お礼の言葉を述べたり、品物をお送りしたりします。気持ちは形にしないと相手には伝わりません。阿弥陀仏が極楽世界を荘厳するのは、一人ももらさずに救いたいという願いを形で表しているのです。願いが形を取ることにより、私たちにはたらきかけてくるのです。それが「功徳」、すぐれたはたらきと言われます。

前回は極楽世界がすべて宝物であることが説かれていました。今回の部分は、極楽に生まれた者の生活が端的に表されています。天から曼陀羅華《まんだらけ》(美しい華)が降ってくるのは、他方の十万億の仏に供養するためです。降ってきた華を仏にお供えするのです。

「供養」とは、敬う心から起こる行為です。敬う気持ちから食べ物や飲み物、華などを差し上げることになるのです。例えば、釈尊の教えに感動した給孤独《ぎっこどく》長者が、祇園精舎《ぎおんしょうじゃ》を提供したことを前にお話ししましたが、これも供養の一つです。感動や敬いの心が供養の根っこなのです。ここでは、阿弥陀仏の国に生まれた者は、十万億という数多くの仏を供養すると説かれます。

私たちの日常の世界は、自分の都合の良いものを追い求め、都合の悪いものを取り除くことが中心になっています。自分の考えを中心にすれば、どうしても好きな人と嫌いな人が出てきます。味方や敵として決めつけることにもなります。阿弥陀仏に出遇《であ》う時、そんな決めつけや思い込みから解放されるのです。すべての存在の尊さが見えてくるのです。それゆえに、他方の世界におられる数多くの仏を供養すると言われます。

阿弥陀との出遇いは、阿弥陀だけを敬うのではありません。周りの存在が尊敬すべき仏として見出されることになるのです。しかも「即以食時《そくいじきじ》」（すなわち食時をもって）と言われるように、きわめて短い時間になされるのです。どの仏が先で、どの仏が後という優先順位はありません。みな平等に供養することが起こるのです。

供養を終えて極楽に還《かえ》ったところで「飯食《ぼんじき》し経行《きょうぎょう》す」とあります。直接には食事をして歩くことを意味しています。しかし、食事と食後の運動というようなことではありません。経の初めに極楽では阿弥陀仏が今現在説法《こんげんざいせっぽう》していると説かれていましたが、毎日いつでも法を聞くことができる世界です。その意味で、極楽の生活は阿弥陀仏の説法を聞き、その教えを中心に生きることです。法を聞くことによって、保たれる生活です。それが阿弥陀仏の世界に生まれた者の上に成り立つことを、釈尊は教えてくださっています。

八　極楽の荘厳（三）

――無三悪趣《むさんあくしゅ》の世界

■該当箇所書き下し（真宗聖典一二七～一二八頁）

また次《つぎ》に、舎利弗、かの国には常に種種《しゅじゅ》の奇妙雑色《きみょうざつしき》の鳥あり。白鵠《びゃっこう》・孔《く》雀《じゃく》・鸚鵡《おうむ》・舎利《しゃり》・迦陵頻伽《かりょうびんが》・共命《ぐみょう》の鳥なり。このもろもろの衆鳥《しゅちょう》、昼夜六時に和雅《わげ》の音《こえ》を出《い》だす。その音《こえ》、五根《ごこん》・五力《ごりき》・七菩提分《しちぼだいぶん》・八聖道分《はっしょうどうぶん》、かくのごときらの法を演暢《えんちょう》す。その土の衆生《しゅじょう》、この音《こえ》を聞き已《お》わりて、みなことごとく仏を念じ、法を念じ、僧を念ず。舎利弗《しゃりほつ》、汝《なんじ》、この鳥は実にこれ罪報の所生《しょしょう》なりと謂《おも》うことなかれ。所以《ゆえ》は何《いか》ん。かの仏国土《ぶっこくど》には三悪趣《さんあくしゅ》なければなり。舎利弗《しゃりほつ》、その仏国土には、なお三悪道《さんあくどう》の名なし。何《いか》にいわんや実にこのもろもろの衆鳥《しゅちょう》あらんや。みなこれ阿弥陀仏《あみだぶつ》、法音をして宣流《せんる》せしめんと欲《ほっ》して、変化《へんげ》して作《な》したまうところなり。舎利弗《しゃりほつ》、かの仏国土《ぶっこくど》には、微風《みふう》、もろもろの宝の行樹《ぎょうじゅ》および宝の羅網《らもう》を吹き動かすに、微妙《みみょう》の音《こえ》を出《い》だす。たとえば百千種の楽《がく》の同時に倶《とも》に作《な》すがごとし。この音《こえ》を聞く者、みな自然《じねん》に念仏《ねんぶつ》・念法《ねんぽう》・念僧《ねんそう》の心を生ず。舎利弗、その仏国土には、かくのごときの功徳荘厳《くどくしょうごん》を成就せり。

■意訳

また次に、舎利弗よ、かの国には常に種種《しゅじゅ》の珍しい様々な姿の鳥がいます。白鵠《びゃっこう》・孔雀《くじゃく》・鸚鵡《おうむ》・舎利《しゃり》・迦陵頻伽《かりょうびんが》・共命《ぐみょう》などの鳥です。このもろもろの鳥たちは、昼も夜も和雅《わげ》の音《こえ》で鳴いています。その音《こえ》は、五根《ごこん》・五《ご》力《りき》・七菩提分《しちぼだいぶん》・八聖道分《はっしょうどうぶん》など、仏の法を伝えます。その国の衆生は、これらの音《こえ》を聞いて、みな一人残らず仏を念じ、法を念じ、僧を念じます。

舎利弗よ、これらの鳥は罪報《ざいほう》によって鳥に生まれたと思ってはなりません。かの仏国土には地獄《じごく》・餓鬼《がき》・畜生《ちくしょう》の三悪趣《さんあくしゅ》はないからです。舎利弗よ、阿弥陀の国には、三悪道《さんあくどう》の名すらありません。まして実際に地獄・餓鬼・畜生としての鳥がいるはずがありません。これはすべて阿弥陀仏が、法音《ほうおん》を宣流《せんる》しようとお思いになって、形をとって表されたものなのです。

舎利弗よ、かの仏国土には、微風《みふう》がもろもろの宝の行樹《ぎょうじゅ》や宝の羅網《らもう》を吹き動かして、微妙《みみょう》の音《こえ》を出しています。たとえば百千種の音楽が同時に響きわたるようなものです。この音《こえ》を聞く者は、みな自然に念仏《ねんぶつ》・念法《ねんぽう》・念僧《ねんそう》の心を生じます。舎利弗よ、阿弥陀仏の国土には、このような功徳荘厳《くどくしょうごん》が成就しています。

＊　　＊　　＊

今回も阿弥陀仏の極楽世界の荘厳功徳《しょうごんくどく》が説かれる部分です。極楽にはさまざまな鳥たちが、それぞれに和雅《わげ》の声（美しい声）で鳴いています。その声は、五根《ごこん》・五力《ごりき》・七菩提分《しちぼだいぶん》・八聖道分《はっしょうどうぶん》など仏の法を伝えると言われます。言葉の細かい説明は省略しますが、鳥の声が仏のはたらきを知らせてくるのが、阿弥陀仏の世界なのです。ですから、その鳥たちの声を聞いた者は、仏を念じ、法を念じ、僧を念ずることになると説かれます。不思議な鳥がいるものだと思われるかもしれませんが、私たちの世界と対比するとわかりやすいと思います。

私たちには鳥の種類にも、鳥の鳴き声にも好き嫌いがあるのではないでしょうか。また、人間にとって利益があるか害をもたらすかで、益鳥《えきちょう》と害《がい》鳥《ちょう》を区別することもあります。鳥自身は、命そのものを生きているにもかかわらずです。

阿弥陀仏の世界は、命に価値づけはありません。どんな命も輝いているのです。極楽に生まれた者は、阿弥陀仏に出遇《であ》うところに、鳥を分け隔《へだ》てする心から解放されるのです。それが、鳥のさえずりを聞いて仏を念じ、法を念じ、僧を念ずると表されています。仏・法・僧はまとめて三宝《さんぼう》と呼ばれます。仏は詳しくは仏陀《ぶっだ》と言い、古いインドの言葉であるブッダの音写で、目覚めた者を意味します。法は法則のことで、ブッダが目覚めた法を意味します。インドの言葉ではダルマあるいはダンマと言われ、音写《おんしゃ》して達磨と書きます。僧はサンガの音写で、僧伽と書かれます。仏法によって開かれる和合した関係を意味します。この、仏・法・僧に帰依することを三帰依《さんきえ》と言います。仏に帰依するとは、単にブッダ個人を崇拝することではありません。ブッダが目覚めた法に帰依するのです。人間がなぜ苦しみ傷つけ合うのか、そこには法則があります。ブッダはそれを教え、苦しみ傷つけ合うことからの解放を呼びかけます。その教えによって開かれるのが、調和した関係（サンガ）です。人間関係だけにとどまらず、自然界の動物や植物たちとの関係もおのずと変わってきます。

仏法僧の三宝に帰依して生きることが自然に成り立つ、それが極楽世界の環境なのです。言い換えれば、憎しみや妬《ねた》みの言葉が飛び交う環境の中では、どうしても憎しみや妬みに支配されやすくなります。環境のもつ重さについて考えさせられます。

ここでもう一つ言われているのが、阿弥陀仏の世界には地獄《じごく》・餓鬼《がき》・畜生《ちくしょう》という三悪趣《さんあくしゅ》（三悪道《さんあくどう》）が存在しないということです。三悪趣は人間の欲望が作り出すもので、苦しみや不満、争いという形をとって現れます。鳥が鳴いていると聞くと、極楽世界にも畜生がいるのかと考える人もあることを見越して、三悪趣がいないだけでなく、三悪趣という言葉すら無いことを念を押しているのです。

鳥の鳴き声によって仏を念じ、法を念じ、僧を念ずる心が起こるのも、阿弥陀仏の荘厳であり、功徳であることを釈尊は教えてくださっています。

九　阿弥陀の名

■該当箇所書き下し（真宗聖典一二八頁）

舎利弗、汝《なんじ》が意《こころ》において云何《いかん》。かの仏を何のゆえぞ阿弥陀《あみだ》と号する。舎利弗、かの仏の光明、無量にして、十方の国を照らすに、障碍《しょうげ》するところなし。このゆえに号して阿弥陀《あみだ》とす。また舎利弗、かの仏の寿命およびその人民《にんみん》も、無量無辺阿僧祇劫《むりょうむへんあそうぎこう》なり、かるがゆえに阿弥陀《あみだ》と名づく。舎利弗《しゃりほつ》、阿弥陀仏《あみだぶつ》、成仏《じょうぶつ》より已来《このかた》、いまに十劫《じっこう》なり。

■意訳

舎利弗よ、あなたはどのように考えますか。どうして極楽世界の仏は阿弥陀と名づけられるのだろうか。舎利弗よ、かの仏の光明は無量であって、十方の国を照らして、少しも碍《さまた》げられることがないのです。このゆえに阿弥陀と名づけるのです。また舎利弗よ、かの仏の寿命も、その国に生きる人びとの寿命も、無量無辺阿僧祇劫《むりょうむへんあそうぎこう》です。そうであるから阿弥陀と名づけるのです。舎利弗よ、阿弥陀仏は、すでに仏となってから今日まで、十劫《じっこう》という長い時間がたっています。

＊　＊　＊

阿弥陀仏の極楽世界の荘厳について説いていた釈尊が突然、舎利弗に対して質問されます。「舎利弗よ、あなたはどのように考えますか。どうして極楽世界の仏は阿弥陀と名づけられるのだろうか」と。前にも「舎利弗よ、かの世界はなぜ極楽というのか」という問いがありました。その時、釈尊は舎利弗の返答を待たずに、みずから説き出されました。ここでも、舎利弗に問いかけながらも、釈尊はすぐに言葉を発しています。これは何も慌てておられるわけではありません。大事な問いをあらためて提示し、それについて釈尊がみずから確かめておられるのです。耳を澄まして、じっと聞き入る舎利弗の姿が目に浮かぶようです。

「阿弥陀」は古いインドの言葉の音写で、アミターユス、アミターバが元になっています。それぞれ無量寿《むりょうじゅ》、無量光《むりょうこう》と訳されます。ここでは、釈尊が「阿弥陀」の名の意味を確かめることにより、阿弥陀仏がどのような仏であるかが明らかにされています。

阿弥陀仏の光明は無量であり、世界中のどこの国であっても、碍《さまた》げられることなく照らします。光明は、ものを見せてくれるはたらきです。どんなに視力が良い人であっても光がなくては、ものを見ることはできません。しかも、太陽の光や電灯の光が照らしたとしても、見方がゆがんでいれば、正しく見ることはできません。自分の欲望で目が曇っていれば、どうしても優劣や善悪、さらには損得で量ることになってしまいます。阿弥陀仏の光は、そんな私たちの曇りを晴らすはたらきがあるのです。

障碍《しょうげ》（さまたげ）がないとは、これまで悪業を積み重ねてきた者であっても、仏法に全く縁がなかった人であっても、何の差別もなく、平等に照らすことを意味しています。曇鸞大師の『浄土論註《じょうどろんちゅう》』に「千年の闇」の喩《たと》えがありますが、これまで千年にわたって闇だった場所であっても、一瞬でも光が差し込めば、ものが見えるようになります。人間の過去の経歴や、抱えている状況に関わりなく照らすのが無量の光明なのです。

また、阿弥陀仏は寿命が無量であると説かれています。これは、とても長い命ということではありません。長いとか短いとかを超えた、分量で量ることのできない命であるからこそ無量と言われるのです。それはまた、いつの時代になってもはたらき続けることを意味しています。一人でも苦しむ者がいる限り、決して見捨てることのない大悲を表しています。また、具体的なはたらきが光で表されていることに対して、寿命が無量であるということは、光の限りないはたらきを支え続けていると言えます。

注意されるのは、極楽の人民《にんみん》の寿命も無量であると言われていることです。これも、極楽では寿命が延びるという話ではありません。それなら、有限の中のことであって、決して無量とは言えません。この世ではどうしても長さで寿命を量ってしまいます。長生きできたから幸せだとか、短命だったから不幸だとかと。しかし、一人ひとりの存在の重さは、長さで量れるものではありません。人間の有量《うりょう》を超えること、それが寿命無量をもって表されているのです。
この一段の最後は、「阿弥陀仏は成仏してより已来《このかた》、今に十劫《じっこう》なり」と説かれます。法蔵菩薩が成仏して阿弥陀となってから、すでに十劫という長い時間がたっていると言うのです。言うなれば、私たちは阿弥陀のはたらきをすでに受けているのです。親鸞聖人の、

弥陀成仏《みだじょうぶつ》のこのかたは
いまに十劫《じっこう》をへたまえり
法身《ほっしん》の光輪《こうりん》きわもなく
世《せ》の盲冥《もうみょう》をてらすなり
（真宗聖典四七九頁）

という和讃は、『仏説無量寿経』（大経）をふまえた『讃阿弥陀仏偈』が元になっていますが、この一段とも響き合っています。これは、私たちがすでに阿弥陀仏のはたらきの中にあることを歌われた和讃なのです。

十　極楽に生まれる者の功徳

■該当箇所書き下し（真宗聖典一二八～一二九頁）

また舎利弗、かの仏に無量無辺の声聞《しょうもん》の弟子あり、みな阿羅漢《あらかん》なり。これ算数《さんじゅ》の能《よ》く知るところにあらず。もろもろの菩薩衆《ぼさつしゅ》もまたまたかくのごとし。舎利弗《しゃりほつ》、かの仏国土《ぶっこくど》には、かくのごときの功徳荘厳《くどくしょうごん》を成就せり。また舎利弗、極楽国土の衆生《しゅじょう》と生まるる者は、みなこれ阿鞞跋致《あびばっち》なり。その中に、多く一生補処《いっしょうふしょ》あり、その数はなはだ多し。これ算数《さんじゅ》の能《よ》くこれを知るところにあらず。但《ただ》、無量無辺阿僧祇劫《むりょうむへんあそうぎこう》をもって説くべし。舎利弗《しゃりほつ》、衆生《しゅじょう》聞かん者、応当《まさ》に願を発《おこ》しかの国に生まれんと願ずべし。所以《ゆえ》は何《いかん》。かくのごときの諸上善人と倶《とも》に一処《いっしょ》に会《え》することを得《う》ればなり。

■意訳

また舎利弗よ、かの阿弥陀仏には、無量無辺の声聞の弟子たちがいます。それらの人たちはみな阿羅漢《あらかん》の覚《さと》りを得ているのです。とても数をもって知ることはできません。また、たくさんの菩薩たちもいて、同様に数をもって知ることはできません。舎利弗よ、阿弥陀仏の極楽国土には、このような功徳荘厳《くどくしょうごん》が成就しています。また舎利弗よ、極楽国土の衆生として生まれる者は、みな阿鞞跋致《あびばっち》の位に至るのです。その中には、多くの者が一生補処《いっしょうふしょ》となり、その数もはなはだ多く、とても数えることはできません。説くとすれば、無量無辺阿僧祇劫《あそうぎこう》というとてつもない時間がかかるでしょう。舎利弗よ、もしこのことを聞く衆生は、まさに願を発《おこ》して、かの極楽国土に生まれようと願うべきなのです。どうしてかと言えば、このような諸々《もろもろ》の上善人《じょうぜんにん》と、倶《とも》に一処《いっしょ》に会《え》することを得るからです。

＊　＊　＊

阿弥陀仏の光明と寿命が無量であることを述べた釈尊は、次に阿弥陀仏の国にいる方々について説かれます。浄土の人びとと言ってもいいでしょう。極楽世界には阿弥陀仏がお一人でおられるわけではありません。数えられないほどたくさんの方々と共におられるのです。

まずは阿弥陀仏のお弟子である声聞《しょうもん》たちです。声聞とは声を聞くとあるように、文字どおり仏のお弟子を指す言葉です。釈尊の弟子たちも声聞と呼ばれます。同様に阿弥陀仏にもたくさんのお弟子がいることが示されています。しかも、阿羅漢《あらかん》という覚《さと》りをすでに得ている方ばかりだと言われます。阿羅漢とはインドの「アルハット」という発音を漢字に写した言葉で、「応供《おうぐ》」という意味をもっています。供養すべき方、供養に価する方という意味です。

次には菩薩たちもたくさんいることが説かれます。菩薩は詳しくは菩提《ぼだい》薩埵《さった》という語で、インドの「ボディー・サットバ」という発音を漢字に写した言葉です。「覚りを求める者」を意味します。特に、自分だけの救いにとどまらず、自分も迷いを超えるとともに、他者の苦しみも超えさせようという課題を担う在り方を指しています。この菩薩もまた、極楽には数えることができないほどたくさんいると言われているのです。

声聞も菩薩もいっぱいいると聞くと、都会の駅のラッシュアワーを思い浮かべる人もいるかもしれません。しかし、単に人が多いという話ではありません。みな仏道に生きている人なのです。私たちの日常は、利害関係でくっついたり離れたり、場合によっては敵と味方に分かれることもあります。隣にいる人と言葉すら交わさないという関係も珍しくありません。阿弥陀仏の世界は、民族も性別も問うことはありません。また、血のつながりが有るとか無いとかも関係ありません。みな阿弥陀の世界を念じて生きる仲間なのです。

それゆえ、極楽国土に生まれる者は、すべて阿鞞跋致《あびばっち》、さらには一生《いっしょう》補処《ふしょ》に至ると釈尊は説かれます。阿鞞跋致とはインドの発音を漢字に当てた言葉で、「不退転《ふたいてん》」を意味します。退転しないという言葉の響きから、「不退転」は人間が頑張って諦めないというイメージで受けとめられがちです。しかし、阿弥陀の世界との出遇《であ》いによってもたらされる利益《りやく》が不退転です。どんな者も分け隔てしない阿弥陀の世界の大事さを知らされたがゆえに、阿弥陀の世界を念じて生きることが成り立つのです。同様に一生補処は、この一生を終えた後は仏処《ぶっしょ》を補《つ》ぐ、つまり仏に等しい仕事をするという意味です。それが極楽に生まれる者に与えられるのです。

阿弥陀の国に生まれることは、自分だけが楽になることではありません。分け隔てしながら生きていた、これまでの生き方がひっくり返ることです。そこには、共に阿弥陀の世界を生きるたくさんの仲間が見つかるのです。それゆえに釈尊は、阿弥陀の国を生きることを呼びかけます。「衆生聞かん者、応当《まさ》に願を発《おこ》しかの国に生まれんと願ずべし」と。

阿弥陀の国はたくさんの声聞や菩薩たちと「倶《とも》に一処《いっしょ》に会《え》する」のです。「倶会一処《くえいっしょ》」とは、極楽に生まれる者に与えられる利益を呼びかけています。阿弥陀仏が中心になるところに、周囲との関係は変わります。世界が全く違って見えてくることを釈尊は教えているのです。

十一　執《しゅう》持《じ》名《みょう》号《ごう》

■該当箇所書き下し（真宗聖典一二九頁）

舎利弗《しゃりほつ》、少善根福徳《しょうぜんごんふくとく》の因縁《いんねん》をもって、かの国に生まるることを得《う》べからず。舎利弗《しゃりほつ》、もし善男子《ぜんなんし》・善女人《ぜんにょにん》ありて、阿弥陀仏《あみだぶつ》を説くを聞きて、名号を執持《しゅうじ》すること、もしは一日、もしは二日、もしは三日、もしは四日、もしは五日、もしは六日、もしは七日、一心にして乱《みだ》れざれば、その人、命《みょう》終《じゅう》の時に臨《のぞ》みて、阿弥陀仏《あみだぶつ》、もろもろの聖衆《しょうじゅ》と、現じてその前にましまさん。この人、終わらん時、心顚倒《てんどう》せずして、すなわち阿弥陀仏《あみだぶつ》の極楽国土に往生することを得《え》ん。

■意訳

舎利弗よ、少善根《しょうぜんごん》・福徳《ふくとく》の因縁によって、かの阿弥陀仏の国に生まれることはできません。舎利弗よ、たとえば、善男子《ぜんなんし》・善女人《ぜんにょにん》たちが、阿弥陀仏のことを説く言葉を聞いて、阿弥陀仏の名号《みょうごう》を執持《しゅうじ》するならば、それが、一日であれ、二日であれ、三日であれ、四日であれ、五日であれ、六日であれ、また七日であれ、一心にして乱れることがなければ、その人が命終わる時には、阿弥陀仏はもろもろの聖衆《しょうじゅ》たちと共に、その人の前に現れてくださいます。この人は、命を終えようとする時、心は顚倒《てんどう》せずに、即時に阿弥陀仏の極楽国土に往生することを得るのです。

＊　＊　＊

「阿弥陀仏の国に生まれようと願いなさい」と呼びかけた釈尊は、次に阿弥陀仏の国に生まれる方法を教えます。それはさまざまな修行をせよということではありません。また、善根《ぜんごん》功徳《くどく》を積みなさいということでもありません。ただ、ひたすらに阿弥陀仏の名号を執持《しゅうじ》することを勧めます。それはどうしてでしょうか。

「阿弥陀」は「無量寿」と訳されるように、分量で量ることのできない世界を意味します。人間の役に立つとか立たないという価値づけを超えた世界が阿弥陀仏の極楽世界なのです。ですから、その国に生まれるためには、人間の能力や努力の度合い、これまでの経歴などは、一切問われることはありません。もし、自分はたくさんの善根を積んできたとか、これまで長い間の修行に耐えてきたとか思うならば、それ自体が阿弥陀仏の世界を願っているのではないと言わなければなりません。

釈尊が「少善根福徳《しょうぜんごんふくとく》の因縁」と説かれるのは、まだ善根と福徳が足りないという意味ではありません。どれだけ積んだかという分量で量られるようなものでは、阿弥陀仏の平等の世界には生まれるはずがないことを教えているのです。これに対して、「執持名号」とは、阿弥陀仏の名をしっかりとたもつことです。名によって阿弥陀仏を念ずる、つまり称名念仏のことです。称名念仏は誰においても、どんな状況でもできます。阿弥陀仏の名をとおして、比べる必要のない阿弥陀仏の世界をいつでも思い出すことができるのです。

遠く離れたところにいる友達でも、名前を口にすれば、その人の顔が出てきます。すでに亡くなった人でも、その人の名を呼べば、姿や言葉が思い出されます。阿弥陀仏の名も同様です。どこにいても、どんな境遇の中でも、阿弥陀仏の名前を称《とな》える時に、阿弥陀仏とその世界が思い出されるのです。それゆえ、名号を一心に執持することが勧められているのです。「若一日《にゃくいちにち》、若二日《ににち》、……若七日《しちにち》」とは、毎日毎日、どんな日であっても、いつも阿弥陀仏の名を中心に生活していくことを勧める言葉です。期間を区切って何日間やれば良いという話ではありません。もし、自分は何年間やってきたと言うなら、それは阿弥陀仏を念じているのではなく、自分の努力を誇っているだけです。それは「少善根福徳」に外なりません。命ある限り、阿弥陀仏の名をとおして、阿弥陀仏の世界をいただき続けていく。それが「執持名号」と教えられているのです。そこには、分別やとらわれを離れ続けていく生活が与えられます。臨終に至るまで人生の方向を見失わない生き方だと言ってよいでしょう。

そして、命を終える時には、阿弥陀仏がもろもろの聖衆《しょうじゅ》たちと共に目の前に現れてくださると説かれています。聖衆とは、阿弥陀仏の世界の住人たちです。前には「倶会一処《くえいっしょ》」とも説かれていましたが、阿弥陀仏の極楽はたくさんの仲間に囲まれるにぎやかな世界です。念仏するところに、たくさんの仲間が見出されます。すでに亡くなられた方とも、念仏の中で遇うことができます。

さまざまな価値づけの中で悩み苦しむのはこの世の常であります。阿弥陀仏の名号によって、価値づけから解放され、本当に自分自身の人生を満足して生き切っていけることを釈尊は教えています。

十二　多《た》善根《ぜんごん》・多《た》福徳《ふくとく》

■該当箇所書き下し（真宗聖典一二九～一三〇頁）

舎利弗《しゃりほつ》、我この利を見るがゆえに、この言《ごん》を説く。もし衆生《しゅじょう》ありてこの説を聞かん者は、応当《まさ》に願を発《おこ》しかの国土に生ずべし。

■意訳

舎利弗よ、私はこのような利益《りやく》を見ているがゆえに、これまでのように説いてきたのです。もし迷い苦しむ衆生がいて、この説法を聞く者は、どうか願いを発して、かの阿弥陀仏の国に生まれてほしいのです。

＊　＊　＊

阿弥陀仏の名号一つによって、誰もが迷いを超えていくことができる道があると教えた釈尊は、これまでの説法をまとめて、あらためて阿弥陀仏の国に生まれることを勧めます。それが今回の箇所です。『阿弥陀経』を前半と後半の二つに分けるとすれば、今回は前半の終わりの部分に当たります。

「このような利益《りやく》」とは、これまで説かれてきた極楽世界の荘厳功徳のすべてを指していると一応は言って良いでしょう。楽だけがあって、苦しみのない世界。すべてが宝物で、金色に輝いている世界。またさまざまな鳥たちの声をとおして、いつでも仏法が聞こえてくる世界。さらには、二度と迷いに退転することなく、諸々の上善の人（極楽の住人）とともに生きる世界。このような功徳がそなわっているのが極楽でした。ただ、どれほど素晴らしい世界であっても私たちが生まれることができなければ、お話に終わってしまいます。その意味では、「このような利益」は、前回も取り上げましたが、名号一つで誰もが迷いを超えていけると教えた部分を特に指していると言えます。

一人ももらさず救う阿弥陀仏の世界。釈尊はその利益をはっきりと見ているがゆえに、阿弥陀仏の世界を勧められるのです。ただ、見たことがない者、出遇《であ》ったことがない者にとっては、きっといろんな疑問が起こるに違いありません。「本当にそんな国があるのか」「誰もが平等に救われるというのは綺麗ごとじゃないか」「名号一つというのは、簡単すぎるだろう」などの思いが先立って、釈尊の勧める言葉を受け入れられないのです。釈尊が勧めているのに聞けないというのは、人間の我《が》の強さの現れです。

これについて、親鸞聖人が注目している文章があります。中国の宋《そう》の時代のお坊さんで、元照律師《がんじょうりっし》（一〇四八〜一一一六）という方が書かれた『阿弥陀経義疏《あみだきょうぎしょ》』という書物に出ているものです。釈尊が『阿弥陀経』においてて「称名」の大切さを説かれたにもかかわらず、なおも疑う人がいたと言うのです。その時に、襄陽《じょうよう》（現在の湖北省《こほくしょう》）にあった石碑の『阿弥陀経』には、

名号を専称《せんしょう》せよ。称名をもってのゆえに、諸罪《しょざい》消滅す。すなわちこれ多功徳《たくどく》・多善根《たぜんごん》・多福徳《たふくとく》の因縁なり
（真宗聖典三五一頁）

の言葉が刻まれていたのです。この言葉によって、ようやく人びとは称名

の大事さを信ずることができたと言われています。

元の『阿弥陀経』には無かった文字が刻まれているわけですが、阿弥陀仏の名号と、その名号を称《とな》える称名の功徳を強調しています。これは人びとの疑いに応答して経典が展開したと言えます。親鸞聖人は『大無量寿経』を引用する際に、異なった時代に訳された異訳《いやく》の「無量寿経」を併せて見ておられます。時代の課題に応答して翻訳された経典の言葉に耳を傾けていかれるのです。そのことを考えると、石刻の『阿弥陀経』が「多功徳・多善根・多福徳の因縁なり」と呼びかけていることは、疑い深い者を称名念仏一つに導く言葉として聞こえていたに違いありません。

私たちの常識からすれば、念仏一つで助かると言われても、なかなか受けとめられません。厳しい修行を重ねたり、善根功徳をたくさん積んだりする方が、価値があるように思われるからです。しかし、自分が努力を重ねると、どうしてもその努力にとらわれてしまいます。努力の分量でランクづけすることも起こります。阿弥陀仏の世界は、そのような人間の価値づけを超えた世界です。優劣、善悪、正邪を言い合って争う人間にとって、阿弥陀仏の世界がどれほど大事か、釈尊はそれに目覚められたからこそ、私たちに呼びかけるのです。「我見是利故説此言《がけんぜりこせつしごん》（我《われ》この利を見るがゆえに、この言を説く）」と。そしてこの釈尊の願いは、ありとあらゆる仏の願いでもあります。これは、次の「六方段《ろっぽうだん》」に説かれることになります。

十三　恒沙《ごうじゃ》の諸仏《しょぶつ》の勧め

■該当箇所書き下し（真宗聖典一三〇～一三二頁）

舎利弗《しゃりほつ》、我《わ》がいま阿弥陀仏《あみだぶつ》の不可思議の功徳を讃歎《さんだん》するがごとく、東方に、また、阿閦鞞仏《あしゅくびぶつ》・須弥相仏《しゅみそうぶつ》・大須弥仏《だいしゅみぶつ》・須弥光仏《しゅみこうぶつ》・妙音仏《みょうおんぶつ》、かくのごときらの恒河沙数《ごうがしゃしゅ》の諸仏《しょぶつ》ましまして、おのおのその国にして、広長の舌相を出《い》だして、遍《あまね》く三千大千世界に覆《おお》いて、誠実《じょうじつ》の言《ごん》を説きたまう。汝等衆《なんじらしゅ》生《じょう》、当《まさ》にこの不可思議の功徳を称讃《しょうさん》する一切諸仏に護念せらるる経を信ずべし。

舎利弗《しゃりほつ》、南方の世界に、日月燈仏《にちがつとうぶつ》・名聞光仏《みょうもんこうぶつ》・大焔肩仏《だいえんけんぶつ》・須弥燈仏《しゅみとうぶつ》・無量《むりょう》精進仏《しょうじんぶつ》、かくのごときらの恒河沙数《ごうがしゃしゅ》の諸仏ましまして、おのおのその国にして、広長の舌相を出《い》だして、遍《あまね》く三千大千世界に覆《おお》いて、誠実《じょうじつ》の言《ごん》を説きたまう。汝等衆生《なんじらしゅじょう》、当《まさ》にこの不可思議の功徳を称讃《しょうさん》する一切諸仏に護念せらるる経を信ずべし。

舎利弗《しゃりほつ》、西方の世界に、無量寿仏《むりょうじゅぶつ》・無量相仏・無量幢仏《むりょうどうぶつ》・大光仏・大明《だいみょう》仏《ぶつ》・宝相仏《ほうそうぶつ》・浄光仏《じょうこうぶつ》、かくのごときらの恒河沙数《ごうがしゃしゅ》の諸仏ましまして、おのおのその国にして、広長の舌相を出《い》だして、遍《あまね》く三千大千世界に覆《おお》いて、誠実《じょうじつ》の言《ごん》を説きたまう。汝等衆生《なんじらしゅじょう》、当《まさ》にこの不可思議の功徳を称讃《しょうさん》する一切諸仏に護念せらるる経を信ずべし。

舎利弗《しゃりほつ》、北方の世界に、焔肩仏《えんけんぶつ》・最勝音仏・難沮仏《なんそぶつ》・日生仏《にっしょうぶつ》・網明仏《もうみょうぶつ》、かくのごときらの恒河沙数《ごうがしゃしゅ》の諸仏ましまして、おのおのその国にして、広長の舌相を出《い》だして、遍《あまね》く三千大千世界に覆《おお》いて、誠実《じょうじつ》の言《ごん》を説きたまう。汝等衆生《なんじらしゅじょう》、当《まさ》にこの不可思議の功徳を称讃《しょうさん》する一切諸仏に護念せらるる経を信ずべし。

舎利弗《しゃりほつ》、下方《げほう》の世界に、師子仏《ししぶつ》・名聞仏《みょうもんぶつ》・名光仏《みょうこうぶつ》・達摩仏《だつまぶつ》・法幢仏《ほうどうぶつ》・持法仏、かくのごときらの恒河沙数の諸仏ましまして、おのおのその国にして、広長の舌相を出《い》だして、遍《あまね》く三千大千世界に覆《おお》いて、誠実《じょうじつ》の言《ごん》を説きたまう。汝等衆生《なんじらしゅじょう》、当《まさ》にこの不可思議の功徳を称讃する一切諸仏に護念せらるる経を信ずべし。

舎利弗《しゃりほつ》、上方の世界に、梵音仏《ぼんのんぶつ》・宿王仏・香上仏《こうじょうぶつ》・香光仏・大焔肩仏《だいえんけんぶつ》・

雑色宝華厳身仏《ざつしきほうけごんしんぶつ》・娑羅樹王仏《しゃらじゅおうぶつ》・宝華徳仏《ほうけとくぶつ》・見一切義仏・如須弥山仏《にょしゅみせんぶつ》、かくのごときらの恒河沙数の諸仏ましまして、おのおのその国にして、広長の舌相を出《い》だして、遍《あまね》く三千大千世界に覆《おお》いて、誠実《じょうじつ》の言《ごん》を説きたまう。汝《なんじ》等《ら》衆生《しゅじょう》、当《まさ》にこの不可思議の功徳を称讃する一切諸仏に護念せらるる経を信ずべし。

■意訳

舎利弗よ、私がいま阿弥陀仏の不可思議の功徳をほめたたえてきたのと同じように、東方《とうぼう》世界におられる、阿閦鞞仏《あしゅくびぶつ》・須弥相仏《しゅみそうぶつ》・大須弥仏《だいしゅみぶつ》・須弥光《しゅみこう》仏《ぶつ》・妙音仏《みょうおんぶつ》たちもまた阿弥陀仏をほめたたえています。東方世界には恒河《ごうが》沙《しゃ》の数ほどの諸仏《しょぶつ》がおられて、それぞれがみずからの国において、広長《こうちょう》の舌相《ぜっそう》を出《い》だして、遍《あまね》く三千大千世界を覆って誠実《じょうじつ》の言《ごん》を説いておられます。あなたがた衆生よ、まさにこの阿弥陀の不可思議の功徳を称讃する、一切諸仏によって護念《ごねん》されている経を信じなさい。

舎利弗よ、南方《なんぽう》世界におられる、日月燈仏《にちがつとうぶつ》・名聞光仏《みょうもんこうぶつ》・大焔肩仏《だいえんけんぶつ》・須弥燈《しゅみとう》仏《ぶつ》・無量精進仏《むりょうしょうじんぶつ》たちもまた阿弥陀仏をほめたたえています。南方世界には恒河沙の数ほどの諸仏がおられて、それぞれがみずからの国において、広長の舌相を出だして、遍く三千大千世界を覆って誠実の言を説いておられます。あなたがた衆生よ、まさにこの阿弥陀の不可思議の功徳を称讃する、一切諸仏によって護念されている経を信じなさい。

舎利弗よ、西方《さいほう》世界におられる、無量寿仏《むりょうじゅぶつ》・無量相仏・無量幢仏《むりょうどうぶつ》・大光仏・大明仏《だいみょうぶつ》・宝相仏《ほうそうぶつ》・浄光仏《じょうこうぶつ》たちもまた阿弥陀仏をほめたたえています。西方世界には恒河沙の数ほどの諸仏がおられて、それぞれがみずからの国において、広長の舌相を出だして、遍く三千大千世界を覆って誠実の言を説いておられます。あなたがた衆生よ、まさにこの阿弥陀の不可思議の功徳を称讃する、一切諸仏によって護念されている経を信じなさい。

舎利弗よ、北方《ほっぽう》世界におられる、焔肩仏《えんけんぶつ》・最勝音仏・難沮仏《なんそぶつ》・日生仏《にっしょうぶつ》・網明仏《もうみょうぶつ》たちもまた阿弥陀仏をほめたたえています。北方世界には恒河沙の数ほどの諸仏がおられて、それぞれがみずからの国において、広長の舌相を出だして、遍く三千大千世界を覆って誠実の言を説いておられます。あなたがた衆生よ、まさにこの阿弥陀の不可思議の功徳を称讃する、一切諸仏によって護念されている経を信じなさい。

舎利弗よ、下方《げほう》世界におられる、師子仏《ししぶつ》・名聞仏《みょうもんぶつ》・名光仏《みょうこうぶつ》・達摩仏《だつまぶつ》・法幢《ほうどう》仏《ぶつ》・持法仏たちもまた阿弥陀仏をほめたたえています。下方世界には恒河沙の数ほどの諸仏がおられて、それぞれがみずからの国において、広長の舌相を出だして、遍く三千大千世界を覆って誠実の言を説いておられます。あなたがた衆生よ、まさにこの阿弥陀の不可思議の功徳を称讃する、一切諸仏によって護念されている経を信じなさい。

舎利弗よ、上方《じょうほう》世界におられる、梵音仏《ぼんのんぶつ》・宿王仏・香上仏《こうじょうぶつ》・香光仏・大《だい》焔肩仏《えんけんぶつ》・雑色宝華厳身仏《ざっしきほうけごんしんぶつ》・娑羅樹王仏《しゃらじゅおうぶつ》・宝華徳仏《ほうけとくぶつ》・見一切義仏・如須弥山《にょしゅみせん》仏《ぶつ》たちもまた阿弥陀仏をほめたたえています。上方世界には恒河沙の数ほどの諸仏がおられて、それぞれがみずからの国において、広長の舌相を出だして、遍く三千大千世界を覆って誠実の言を説いておられます。あなたがた衆生よ、まさにこの阿弥陀の不可思議の功徳を称讃する、一切諸仏によって護念されている経を信じなさい。

＊　＊　＊

前回も尋ねましたが、阿弥陀仏の極楽世界に生まれることがどれほど大事であるか、そのことを釈尊は説き勧められます。なぜなら、阿弥陀仏の世界には、誰もが迷いを超えられるという利益があるからでした。ただ、その願いは釈尊お一人にとどまりません。世界のありとあらゆる諸仏《しょぶつ》の願いでもあるのです。それが今回の「六方段」と呼ばれる箇所に説かれます。

この「六方段」では、まず東方《とうぼう》世界、続いて南方《なんぼう》・西方《さいほう》・北方《ほっぽう》、さらには下方《げほう》・上方《じょうほう》と、六方の世界に数えられないほどたくさんの仏がおられて、阿弥陀仏の功徳をほめたたえていると説かれます。「恒河沙《ごうがしゃ》」とは、インドを流れるガンジス河（恒河）の砂粒（沙）ほどの数を表す言葉で、数の単位としては、十を五十回ほどかけた、十の五十乗とも言われます。実際に数えられるものではありません。それほどたくさんの仏たちが阿弥陀仏の功徳をほめたたえていると、釈尊は説かれるのです。それはどうしてかと言えば、釈尊の言葉を聞いても、なかなか受け入れようとしない人間の在り方を見抜いているからです。

「広長《こうちょう》の舌相《ぜっそう》」とは、舌が大きいことを表しています。インドでは舌が大きな人は嘘をつかないと考えられていました。そのため、仏の徳を語る三十二相（仏の相《すがた》の三十二の特徴）の中にも、大舌相（広長舌相とも）があります。もちろんこれは大きさの自慢ではありません。仏の言葉が真実であり、誰の上にも届いていくことを意味しています。それが『阿弥陀経』では、「遍《あまね》く三千大千世界に覆いて、誠実《じょうじつ》の言《ごん》を説きたまう」と説かれているのです。

私一人が阿弥陀仏の大事さを説いているわけではなく、ありとあらゆる世界のありとあらゆる仏たちが阿弥陀仏の極楽に生まれることを勧めているのだ、と釈尊は言われます。仏の覚りは「平等覚《びょうどうかく》」とも言われるように、どの仏においても平等なのです。仏にはランク付けはありません。人間の方が、あっちの仏さん、こっちの仏さま、と比べたり、利益の大小を量《はか》ったりしているのです。その人間の根性に応答して、あの仏も、この仏も、すべての仏が阿弥陀の世界を勧めているのだということを、釈尊は教えられているのです。このお勧めをどのように受けとめるのかは、私たち一人ひとりの問題です。

たくさんの仏の勧めがあっても私には関係ないとなるのか、それとも、これだけ勧められているのだから耳を澄ませて聞いていこうとなるのか、大きな分かれ道です。別の言い方をするならば、釈尊であっても、諸仏であっても、信ずることを強制できるものではないのです。私たちが阿弥陀仏の世界に出遇《であ》い、その大事さに気づくことを待ち続けておられるのです。その意味で、「護念」とは、阿弥陀仏の世界を知らない者も、さらに言えば、そっぽを向いている者をも、護り念じておられる仏のお心を表しています。

ちなみに、『阿弥陀経』に説かれる六方世界は、玄奘三蔵《げんじょうさんぞう》が訳した『称讃浄土経《しょうさんじょうどきょう》』（『阿弥陀経』の異訳）では十方世界にまでふくらんでいます。八つの方位に上下を加えて十方となっているのです。親鸞聖人は、このお経の言葉も受けとめて、和讃では、

十方恒沙《じっぽうごうじゃ》の諸仏は
極難信《ごくなんしん》ののりをとき
五濁悪世《ごじょくあくせ》のためにとて
証誠《しょうじょう》護念せしめたり
（真宗聖典四八六頁）

と詠《うた》われています。両方の経典をあわせて読み、聞いておられたことがわかります。

十四　諸仏の護念《ごねん》

■該当箇所書き下し（真宗聖典一三二頁）

舎利弗《しゃりほつ》、汝《なんじ》が意《こころ》において云何《いかん》。何のゆえぞ、名づけて、一切諸仏に護念せらるる経とする。舎利弗、もし善男子《ぜんなんし》・善女人《ぜんにょにん》ありて、この諸仏の所説の名および経の名を聞かん者、このもろもろの善男子・善女人、みな一切諸仏のために共に護念せられて、みな阿耨多羅《あのくたら》三藐三《さんみゃくさん》菩提《ぼだい》を退転せざることを得《う》。このゆえに舎利弗、汝等《なんじら》、みな当《まさ》に我《わ》が語《ことば》および諸仏の所説を信受すべし。

■意訳

舎利弗よ、あなたはどのように考えますか。どうしてこの経を、一切諸仏に護念される経と名づけると思いますか。舎利弗よ、もし善男子《ぜんなんし》・善女人《ぜんにょにん》がいて、これらの諸仏が説く阿弥陀仏の名と、この経の名を聞く者は、一人のこらずみな、一切諸仏によって共に護念されるでありましょう。そして、みな阿耨多羅《あのくたら》三藐三《さんみゃくさん》菩提《ぼだい》（この上ない覚《さと》り）から退転しないことを得るでありましょう。このゆえに舎利弗よ、あなたがたは、みな、私が説いた言葉と、諸仏が説くところを信受すべきなのです。

＊　＊　＊

前回は「六方段」と呼ばれる一段をひとまとめにして述べました。東方・南方・西方・北方・下方・上方という六方世界におられる恒河沙《ごうがしゃ》ほどの数の諸仏たちが、口々に阿弥陀仏の功徳をほめたたえておられることが説かれていました。そして、この『阿弥陀経』が一切諸仏によって護念されている経であることが確かめられていました。今回の部分はそれを受けて、一切諸仏によって護念されているとはどのようなことであるかを、釈尊が舎利弗に尋ねています。

前にもお話ししましたが、『阿弥陀経』は「無問自説経《むもんじせつきょう》」と言われるように、誰も問う人がないのに、釈尊がみずから説かれた経です。この部分でも、舎利弗に「汝《なんじ》が意《こころ》において云何《いかん》（あなたはどのように考えますか）」と尋ねながら、舎利弗が言葉を発する前に釈尊が語っています。これは大事な課題を示して私たちに考えさせるとともに、釈尊がみずから確かめるという形をとっているのです。

「護念」とは護り念ずるという意味ですが、前の六方段においては「一切諸仏によって護念されている経」とあったように、護念は「経」について言われていました。釈尊だけでなく、たくさんの諸仏によって護念されているのが『阿弥陀経』であるという趣旨でした。ところが、それはただ単にお経が護念されているという話ではないことが、ここで明らかにされます。阿弥陀仏の名前と、この経の名前を聞く者を、一切諸仏が共に護念してくださると言うのです。これまで、阿弥陀仏と極楽世界の功徳を説いてきた『阿弥陀経』ですが、その功徳がこの世を生きる私たちと関係してくることが説かれているのです。

「この経の名を聞かん者」とは、極楽世界に往生した人を指してはいません。この世のただ中で、阿弥陀仏の名を聞く人を指しています。阿弥陀仏の名をとおして、この世の価値づけを超えた阿弥陀仏の世界を知らされ、この世の価値づけに埋没していたことから解放されるのです。それが、「みな阿耨多羅三藐三菩提《あのくたらさんみゃくさんぼだい》（この上ない覚り）から退転しないことを得る」とまで説かれています。

諸仏によって護念されるがゆえに、二度と迷いに退転することがないのです。親鸞聖人のお手紙の中に、次のような言葉があります。

このよにて、真実信心の人をまぼらせ給《たま》えばこそ、『阿弥陀経』には、十方恒沙の諸仏護念すとは申す事にて候《そうら》え。安楽浄土へ往生してのちはまもりたまう、と申すことにては候わず、娑婆《しゃば》世界にいたるほど護念すと申す事なり。

（真宗聖典五八八頁）

（この世において、真実信心の人を護ってくださるがゆえに、『阿弥陀経』には、十方恒沙の諸仏が護念すると説かれるのです。安楽浄土へ往生した後に護るとは言われていません。娑婆世界に居るところで

護念すると言われています）。〔（一）内筆者訳〕

この世はさまざまな価値観が渦巻いています。その中で、私たちは人を評価するだけでなく、自分も量っていきます。そして、価値があると思い上がったり、価値がないと落ち込んだりしているのではないでしょうか。阿弥陀仏の名を聞く時に、本当は量る必要がなかったことを知らされます。諸仏が阿弥陀仏をほめたたえる声をとおして、量ることから解放されるのです。これが、今、この世を生きるところに成り立つことを親鸞聖人は教えておられます。浄土に往生した後のことではありません。この意味で、諸仏の護念とは、現生《げんしょう》にたまわる利益であることがわかります。

十五　難信《なんしん》の法

■該当箇所書き下し（真宗聖典一三二〜一三三頁）

舎利弗、もし人ありて、已《すで》に願を発《おこ》し・今《いま》願を発《おこ》し・当《とう》に願を発《おこ》して、阿《あ》弥陀仏国《みだぶつこく》に生まれんと欲《おも》わん者は、このもろもろの人等《ひとら》、みな阿耨多羅三《あのくたらさん》藐三菩提《みゃくさんぼだい》を退転せざることを得て、かの国土において、もしは已《すで》に生じ・もしは今《いま》生じ・もしは当《とう》に生ぜん。このゆえに舎利弗、もろもろの善男子・善女人、もし信あらん者は、応当《まさ》に願を発《おこ》してかの国土に生ずべし。

■意訳

舎利弗よ、もし人があって、すでに願いを発《おこ》し、いま願いを発し、これから願いを発して、阿弥陀仏の国に生まれようと欲《おも》う者は、一人ももれず、みな阿耨多羅三藐三菩提《あのくたらさんみゃくさんぼだい》（この上ない覚り）から退転しないことを得るであろう。阿弥陀仏の国に、すでに生まれ、いま生まれ、これから生まれるであろう。このゆえに舎利弗よ、もろもろの善男子《ぜんなんし》・善女人《ぜんにょにん》、もしこの教えを信ずる者は、願いを発して、かの阿弥陀仏の国に生まれなさい。

＊　＊　＊

阿弥陀仏の国の荘厳功徳を説き、阿弥陀仏の国に生まれることを勧めてきた釈尊は、ここで阿弥陀仏の国を願うことをあらためて勧められています。今までのまとめの部分に当たると言ってよいでしょう。

まず注意をひくのは、「已発願《いほつがん》、今発願《こんぽつがん》、当発願《とうほつがん》」（すでに願いを発《おこ》し、いま願いを発し、これから願いを発して）という言葉です。阿弥陀仏の国に生まれようという願いをすでに発した人も、いま発す人も、これから発す人も、一人ももらさないというのです。過去の人も、現在の人も、未来の人も、すべての人が視野に入っています。誰をも分け隔てなく平等に救おうとするのが阿弥陀仏ですが、それが過去・現在・未来にわたることを釈尊が確かめているのです。

私たちはどうしても他人と比べてしまう癖がついています。優れているか劣っているか、役に立つか立たないか、評価されたかされないか、いろんな基準を立てて量っているのが日常です。そんなことはしていないと言う人でも、それは気づいていないだけではないでしょうか。その心が元になっていると、仏法についても比べることが起こります。

阿弥陀仏の国に生まれることには、誰が先だとか後だといった順序はありません。生まれようと願うならば、誰もが阿弥陀仏の国に生まれることができるのです。順序をつけて量っていたことから解放されるのが、阿弥陀仏の国に生まれるということです。「あの人は若いころから仏法を聞いてきたけど、私はついこの前からだ」などと卑下する必要はありません。また、「私の方がたくさん聞いてきた」などと威張る必要もありません。ともどもに阿弥陀仏の世界を大事に生きる仲間として、出遇《であ》えるのです。

親鸞聖人の和讃には、

已今当《いこんとう》の往生は

この土《ど》の衆生のみならず

十方仏土《じっぽうぶつど》よりきたる
無量無数不可計《むりょうむしゅふかけ》なり
（真宗聖典四八一頁）

と詠われています。ここに「十方仏土よりきたる」とあるように、阿弥陀仏の世界には十方の仏の世界からやってくるのです。言わば、これまでどんな世界を生きてきたかという経歴が問われないのです。

またここには、阿弥陀仏の国に生まれようと欲《おも》う者は、一人ももれず、みな阿耨多羅三藐三菩提《あのくたらさんみゃくさんぼだい》から退転しないことを得るであろうと言われています。これは極楽に往生してからの話ではなく、生まれようと欲うところに与えられる利益として説かれています。阿弥陀仏を念ずることを勧めてきた『阿弥陀経』の文脈からすれば、念仏において与えられる利益と言ってよいでしょう。

極楽や浄土と聞くと、どうしてもそこに往生してからというイメージがもたれがちです。しかし、ここでは、「生まれようと欲う」ところに、阿耨多羅三藐三菩提から退転しないことが得られると説かれます。前回、親鸞聖人が諸仏の護念を現生にたまわる利益として受けとめておられることを紹介しました。今回の一段と重ねて読むならば、たくさんの諸仏に護念されることによって、阿耨多羅三藐三菩提から退転しない人生をたまわるのです。

誰の上にも成仏する道を開くのが阿弥陀仏の世界です。それゆえに釈尊は、阿弥陀仏の国に生まれることを繰り返し勧めておられるのです。

十六　世間甚難信《せけんじんなんしん》（一）

■該当箇所書き下し（真宗聖典一三三頁）

舎利弗《しゃりほつ》、我《わ》がいま諸仏の不可思議の功徳を称讃するごとく、かの諸仏等も、また、我《わ》が不可思議の功徳を称説して、この言《ごん》を作《な》さく、「釈迦牟尼仏《しゃかむにぶつ》、能《よ》く甚難希有《じんなんけう》の事《じ》を為《な》して、能《よ》く娑婆国土《しゃばこくど》の五濁悪世《ごじょくあくせ》、劫濁《こうじょく》・見濁《けんじょく》・煩悩濁《ぼんのうじょく》・衆生濁《しゅじょうじょく》・命濁《みょうじょく》の中にして、阿耨多羅三藐三菩提《あのくたらさんみゃくさんぼだい》を得て、もろもろの衆生のために、この一切世間に信じ難き法を説きたまう」と。

■意訳

舎利弗よ、私がいま諸仏の不可思議の功徳を称讃しているように、かの諸仏たちも、同じように私の不可思議の功徳をたたえて、次のように説いてくださっている。「釈迦牟尼仏《しゃかむにぶつ》は、甚《はなは》だ難しく、希有《けう》の事をよく為《な》しておられる。娑婆国土《しゃばこくど》の五濁悪世《ごじょくあくせ》、劫濁《こうじょく》・見濁《けんじょく》・煩悩濁《ぼんのうじょく》・衆生濁《しゅじょうじょく》・命濁《みょうじょく》の中にして、阿耨多羅三藐三菩提《あのくたらさんみゃくさんぼだい》を得て、もろもろの衆生のために、この一切世間に信じ難き法を説いてくださっている」と。

＊　＊　＊

阿弥陀仏の功徳を説き、恒沙《ごうじゃ》の諸仏の護念を説いてきた『阿弥陀経』ですが、ここに来て釈尊の功徳がたたえられます。一見すると、話題が変わったかのように見えます。ただ、これは、今まで説いてきた教えがどれほど信ずることが難しいかを確かめるための一段なのです。阿弥陀仏の国に生まれることを釈尊が勧め、たくさんの諸仏が護念してくださるにもかかわらず、それを受けとめることのできない私たちの問題が見据えられているのです。それが、「釈迦牟尼仏《しゃかむにぶつ》能為《のうい》甚難《じんなん》希有之事《けうしじ》」（釈迦牟尼仏は、甚《はなは》だ難しく、希有《けう》の事をよく為《な》しておられる）という言葉です。信じ難い法を説き、衆生を救おうとする釈尊の希有なお仕事を、諸仏たちがほめたたえているのです。

信ずることが難しいのは、単に個人のこころがけの問題ではありません。娑婆《しゃば》世界を生きているということ自体がもっている問題です。娑婆世

界は五濁悪世《ごじょくあくせ》とも言われているように、大切な宝物があっても、濁《にご》ってい
るために見つけられない世界です。その濁りは、

劫濁《こうじょく》（時代の濁り）

見濁《けんじょく》（思想の濁り）

煩悩濁《ぼんのうじょく》（煩悩の濁り）

衆生濁《しゅじょうじょく》（生きている衆生の濁り）

命濁《みょうじょく》（命の濁り）

という五つで語られています。大切なものが見えないということは、見えないだけでは済みません。大切でないものを大切だと勘違いしてしまうのです。

本来、いのちは値段や価値で量れるものではありません。ところが、私たちの生きる娑婆世界は役に立つ・立たないで人を量り、場合によっては、生きる資格の有無まで言うことが起きます。しかも、そうやって生きていることが間違っているとも思わないのです。これが五つの濁りで示さ

れ、五濁悪世と言われるのです。釈尊は、そんな五濁悪世の中で、もろもろの衆生を導いておられるのです。諸仏たちが釈尊の功徳をたたえるのは、それがどれほど大事であるかを知っているからです。そして、大事であるにもかかわらず、どれほど難しいことかを知っているからです。

阿弥陀仏の功徳をほめるだけでなく、釈尊のお仕事がたたえられるのは、私たちに対してこの教えに出遇《であ》ってほしいという諸仏の願いが込められているからです。簡単には聞けないし、信じられないかもしれないが、この教えを受けとめてほしいと願っておられるのです。

もし、教えがなくても間違いをおかすことがないなら、釈尊は教えを説く必要はなかったでしょう。傷つけ合うこともなく、生き生きと生きているのであれば、釈尊はじっと見守っておられたに違いありません。しかし、人間は懸命に生きているつもりでも、傷つけ合うことをやめられません。自分のものの見方を中心にして、他者を量ることもやめられません。そんな痛ましい生き方を放っておけないからこそ、釈尊は教えを説かずにいられなかったのです。だから五濁悪世にお出ましになられたのです。

たくさんの諸仏が釈尊のお仕事をほめたたえられる言葉は、私たちにとっては、この釈尊の教えを聞くことを勧めています。信ずることはなかなか難しいかもしれないけれども、耳を傾けて聞きなさいと呼びかけているのです。難しいからと言って、決して諦めてはならないことを教えています。

十七　世間甚難信（二）

■該当箇所書き下し（真宗聖典一三三頁）

舎利弗《しゃりほつ》、当《まさ》に知るべし。我五濁《われごじょく》悪世にして、この難事を行じて、阿耨多羅《あのくたら》三藐 三菩提《さんみやくさんぼだい》を得て、一切世間のために、この難信の法を説く。これをはなはだ難《かた》しとす。」

■意訳

舎利弗よ、よくよく知ってほしい。私は五濁悪世《ごじょくあくせ》にして、この難事を行じて、阿耨多羅三藐 三菩提《あのくたらさんみゃくさんぼだい》を得て、一切世間のために、この難信の法を説いているのである。これが甚《はなは》だ難しいのである。

＊　＊　＊

六方の諸仏が釈尊のお仕事をほめたたえる一段を前回は読みました。それを承《う》けて、あらためて釈尊みずから、舎利弗に語っているのが今回の一段です。

五濁悪世の中で、仏法を明らかにすることがどれほど難しいことか、それを釈尊自身が確かめているのです。阿耨多羅三藐三菩提《あのくたらさんみゃくさんぼだい》とは、インドの古い発音を漢字に当てた言葉で、この上ない覚りを意味します。「無上《むじょう》正等覚《しょうとうがく》」「無上正真道《むじょうしょうしんどう》」などと訳されます。その無上の覚りを五濁悪世において釈尊は得られたのです。釈尊が覚りを得たということは、釈尊お一人のことではありません。他の人びとも迷いを超える法則が明らかになったのです。しかもその覚りは自利利他《じりりた》円満という言葉で示されるように、みずからが迷いを超えるとともに、他の人びととの迷いを超えさせることが同時でなくてはなりません。その意味で、釈尊が五濁悪世の真っただ中において、説法し続けられたのは、まさに自利利他円満の仕事でした。ただ、その法を信ずることは、衆生にとってはなかなか難しいのです。それゆえ、釈尊が仕事を果たすことも甚だ難しいと言わねばなりません。前にも言いましたが、信ずることが難しいのは単に個人のこころがけの問題ではありません。五濁悪世と教えられる、この世がもっている問題です。それを述べた文章があります。中国の元照律師《がんじょうりっし》が『阿弥陀経』を註釈した言葉です。親鸞聖人はこれを『教行信証《きょうぎょうしんしょう》』「信巻《しんのまき》」に引用しておられます。

念仏法門は愚智《ぐち》・豪賤《ごうせん》を簡《えら》ばず、久近《くごん》・善悪を論ぜず。ただ決誓猛《けつせいみょう》信《しん》を取れば、臨終悪相なれども十念に往生す。これすなわち具縛《ぐばく》の凡《ぼん》愚《ぐ》・屠沽《とこ》の下類、刹那《せつな》に超越する成仏の法なり。「世間甚難信《せけんじんなんしん》」と謂《い》うべきなり。（真宗聖典二三八頁）

（ただ念仏一つで救われる教えは、賢いか愚かかとか、生まれた家柄であるとか、修行の期間の長短とか、善人か悪人かを一切問いません。信心がはっきりと定まれば、臨終が悪相であっても間違いなく往生を遂げるのです。これは、世間では救われがたいと思われている具縛の凡愚〈よろずの煩悩にしばられたるわれら〉・屠〈よろずのいきたるものを、ころし、ほふるもの〉沽〈よろずのものを、うりかうもの〉の下類が、仏を念ずる刹那に迷いを超越する成仏の法でありま す。世間の人には甚だ信ずることが難しいと言わねばなりません）。

〔（　）内筆者訳〕

ここにあるように、どんな者も分け隔てしないのが念仏の教えなのです。臨終の姿も関係ありません。殺生を生業《なりわい》としている者ももれることはありません。誰の上にも成り立つのが念仏の教えなのです。また、いつか・そのうちにという先の話ではなく、いま・ここで成り立つ救いです。ただ、世間の常識に立っていると、あんな死に方をしたから往生できないのではないか、あんな仕事をしていたら救われないのではないかという思いにとらわれることになります。

でもそれはすべて先入観にすぎません。念仏一つで誰もが救われていく道を釈尊は説いておられるのです。仏教は難しい、何度聞いてもわからないと言われることがあります。しかし、元照律師の言葉をいただくならば、仏教の言葉が入ってこないのは、自分の中に握っている答えが先にあるからなのです。自分の思い描いていることと合わないだけなのです。

釈尊は「難信」と呼びかけることをとおして、私たちの中にすでにある先入観を問うことを求めているのです。釈尊がわざわざ、難しく説いているのではなかったのです。仏の言葉を聞こうとしない人間の在り方が「難信」なのです。

十八　流通《るづう》の願い

■該当箇所書き下し（真宗聖典一三四頁）

仏《ぶつ》、この経を説きたまうことを已《おわ》りて、舎利弗《しゃりほつ》およびもろもろの比丘《びく》、一切世間の天・人《にん》・阿修羅等《あしゅらとう》、仏の所説を聞きたまえて、歓喜《かんぎ》し、信受して、礼《らい》を作《な》して去りにき。

■意訳

仏がこの経を説いてくださることを終えた時、舎利弗ともろもろの比丘たち、そして一切世間の天も人《にん》も阿修羅《あしゅら》たちも、仏の説きたもうところを聞いて、心から歓喜し、信じ受けとめて、仏に礼拝《らいはい》して去っていきました。

＊　＊　＊

ご一緒に『阿弥陀経』を読んできましたが、いよいよお経の最後の部分です。流通分《るづうぶん》という箇所に当たるところです。お経は、その内容を理解するために、古くから序分《じょぶん》・正宗分《しょうじゅうぶん》・流通分《るづうぶん》という三つの部分に分けて読む方法がとられてきました。序の部分である序分は、釈尊がいつ誰に対して説かれたのかなどを確かめています。次の正宗分は、まさしく宗《むね》となる部分で、経の中心となる釈尊の説法が出ています。最後の流通分は、教えが後の世にも広く流通していくようにという願いが語られています。

ここでは、釈尊の説法を聞いたすべての者が、歓喜し、信受したと言われています。前にもふれましたが、釈尊の教えを聞くのは人間だけではありません。ありとあらゆる存在に響く説法であったことが知られます。そのすべての者が阿弥陀仏とその世界についての説法を聞いて歓喜したのは、今まで知らなかったことを知ったという程度のことではありません。本当に大事な世界に出遇《であ》えたからであり、言い換えれば、これまで本当に大事な世界を知らずに生きてきたことに気づかされたからです。それゆえ、阿弥陀の世界を説く釈尊の教えを信じ受けとめて生きていくことが始まるのです。

釈尊を礼拝《らいはい》して、釈尊の元から去るということは、それぞれがそれぞれの現場に帰ることを意味しています。教えをいただいて生きていくのは、それぞれの現場なのです。それが「信受」という言葉で表されています。いくら良い教えだからといって、釈尊の元に居続けようとするのは、釈尊にすがろうとすることであり、結局は甘えているにすぎません。教えを聞くとは、教えをいただいて独り立ちができることです。

生きていく現実はさまざまな問題が次々と巻き起こってくるでしょう。しかし、阿弥陀仏の世界を念じて生きるところに、現実の見え方が変わってくるのです。敵か味方か、役に立つか立たないかと、自分中心に善し悪しで量っていた生き方が転じられるのです。いよいよ阿弥陀仏を念じて生きる生活が、教えを聞いたところから始まることを、経文の最後は語っています。

この一段を、法然上人は『選択集《せんじゃくしゅう》』において、

釈迦如来、弥陀の名号を以《もっ》て、慇懃《おんごん》に舎利弗等に付属《ふぞく》したまうの文《もん》

という題を付して引用しています。釈尊が、舎利弗をはじめとするすべて

の者に、阿弥陀仏の名号を慇懃（ねんごろ）に付属《ふぞく》してくださっている文として読まれたのです。付属とは付け足しという意味ではありません。授与するという意味で、阿弥陀仏の名号に依って生きていくことを与えられたということです。それは、それぞれが帰っていく現場が、いかに厳しく、誘惑が多いかを見抜いておられるからです。阿弥陀仏の名号をとおして、阿弥陀仏の世界、すなわち、量る必要のない無量寿の世界を思い出すことができるからです。

このことは釈尊にお会いできない時代を生きる私たちにも、同様に呼びかけられていると思います。舎利弗、もろもろの比丘たち、一切世間の天、人《にん》、阿修羅《あしゅら》たちの姿は、私たちにとっては念仏に生きた証拠であり、大きな励ましだと言えます。

十九　宗祖の受けとめ

お経の言葉を追いながら、これまで『阿弥陀経』を読んできました。最後にまとめとして、親鸞聖人が『阿弥陀経』をどのように受けとめておられるのかを尋ねたいと思います。

先にもお話ししましたが、親鸞聖人は『阿弥陀経』が「無問自説経《むもんじせっきょう》」であることに注意しています。『一念多念文意《いちねんたねんもんい》』という書物の中では、

　この経は「無問自説経」ともうす。この経をときたまいしに、如来にといたてまつる人もなし。これすなわち、釈尊出世の本懐《ほんがい》をあらわさんとおぼしめすゆえに、無問自説ともうすなり。（真宗聖典五四〇頁）

と述べられています。「無問自説」とは、誰も問う人がいないのに、釈尊がみずからお説きになられたという意味です。「釈尊出世の本懐をあらわす」と言われるように、釈尊がこの世にお出ましになられた本当の意図が「無問自説」をもって表されているのです。

釈尊出世の本懐は「正信偈」においては、「如来所以興出世《にょらいしょいこうしゅっせ》　唯説弥陀《ゆいせつみだ》本願海《ほんがんかい》」と詠われています。親鸞聖人の訓点にしたがえば「如来、世に興《こう》

出《しゅつ》したまう所以《ゆえ》は、ただ、弥陀本願海《みだほんがんかい》を説かんとなり」と読みます。一人ももらさずに救いとげたいという阿弥陀仏の本願を説くこと、ただそのことのために釈尊はこの世にお出ましになったのです。すべてのお経が阿弥陀仏の本願を説いているわけではありません。かえって、阿弥陀仏の本願を直接に説くお経は少ないのです。にもかかわらず親鸞聖人は、阿弥陀仏の本願を説くことに釈尊の出世本懐を読み取ったのです。他のお経は、阿弥陀仏の本願に導くための方便の教えと見定められたのです。

方便は軽くありません。真実に導くという大事な役割があります。方便なくして真実には出遇えないのです。ただ、本当に出遇わせたい真実と、それに導くための方便を取り違えると、釈尊の教えに背くことになります。それなら初めから真実だけを説けば良さそうですが、真実だけを説いても真実には遇えないのです。方便が説かれるのは、方便を説かねばならない私たち人間の問題があるからです。

面白いのは、釈尊の出世本懐である阿弥陀仏の本願の世界を説く浄土三部経にも方便があると親鸞聖人が言われていることです。『阿弥陀経』については、極楽往生のためには阿弥陀仏の名号《みょうごう》一つで良いと説かれるのですが、それは善根を求める私たちに対して名号を勧めるためだと見られるのです。

私たちは、どうしても物事を二つに分けて考える癖があります。善か悪か、正か邪か、優か劣か、有用か無用かなどの物差しを立てて、すべてを分別していきます。仏教についても、得か損か、役に立つか立たないか、と計算が先立ちます。そんな人間に対して、阿弥陀仏の名号はすべての善の根本であり、あらゆる徳の根本だと教えるのです。善を求め、功徳を求める人間に、あえて「善本《ぜんぽん》」「徳本《とくほん》」と語りかけるのです。それは阿弥陀仏の名号を称《とな》えてほしい、名号に出遇ってほしいという願いが込められているからです。

ただ、名号が善本・徳本と教えられているからと言って、私は毎日何回称えていますとか、私はもう何年も称えてきましたと誇《ほこ》るのは間違いです。それは、念仏を自分が積み上げた善根だと思い込んでいるのです。念仏している自分を評価しているだけです。阿弥陀仏を念じているのではありません。

しかし、念仏を善根として誇る根性を知らせるはたらきも念仏以外にはありません。『正像末和讃《しょうぞうまつわさん》』で「ねてもさめてもへだてなく　南無阿弥陀仏をとなうべし」（真宗聖典五〇五頁）と親鸞聖人が詠われるように、念仏もうすところに教えられ、育てられていくのです。この念仏の勧めこそ、『阿弥陀経』が呼びかけていることであり、親鸞聖人ご自身が聞き続けていたことなのです。

あとがき

『阿弥陀経』は、日ごろ最も読まれる機会が多く、なじみ深い経典です。私自身、九歳で得度を受けるころから、父に言われるままに「ニョーゼーガーモン　イチジーブツ」と声に出して読んできました。ただ、そこに何が書かれてあるのかを尋ねることになるのは、京都の大谷大学で学ぶようになってからです。

このたび『同朋新聞』において、『阿弥陀経』について読み進める機会を頂いたことは、大変有難いことでした。講義や講座で取り上げてお話しするのと異なり、限られた字数で書くことをとおして、何が要点なのかをあらためて考えさせられました。お話しする場合は、自分が気になることをあれもこれもと欲張って、結局は要を得ずに時間が来てしまうことがあります。もちろん、今回の原稿が要を得たものになっているというわけではありませんが、少なくとも現在の私の受けとめを形にすることになりました。

また内容についても今回あらためて確かめることになりました。その第一は、『阿弥陀経』が五濁悪世を生きる我らのために説かれているということでした。当然と言えば当然なのですが、もともと経典は苦悩をかかえて生きている者に対して釈尊がお説きになられたものです。逆に言えば、苦しみ悩むことの無い者に説く必要は無いのです。ただ、釈尊の眼には、懸命に生きているつもりで傷つけ合いをやめられない人間のすがたが映っていたと思います。自分たちで五濁悪世を作りながら、その自覚もないからこそ、釈尊は教え導かねばならなかったのです。その意味では、この世を生きるすべての人に説かれていると言ってよいでしょう。「娑婆国土の五濁悪世、劫濁・見濁・煩悩濁・衆生濁・命濁の中にして」（真宗聖典一三三頁）の言葉をよくよく噛みしめたいと思います。

また『阿弥陀経』には、六方世界におられる恒河沙数の仏が口々に阿弥陀仏を讃嘆しておられることが説かれています。これも、たくさんの仏にほめたたえられているというだけにはとどまりません。すべての仏の願いがここにある、仏の願いは共通しているということが示されています。日本の仏教は、どうしても宗派や教団が先に見えてしまい、場合によっては比較する心も出てきてしまいます。それに対して、釈尊をはじめとする諸仏の願いは何であるのか、しっかりと受けとめることを呼びかけているのが『阿弥陀経』だと思います。

釈尊から数えて約二五〇〇年、親鸞聖人からも約八〇〇年、どれほどの人たちが阿弥陀仏の世界に出会い、阿弥陀仏の世界を願って生きてこられたかを考えると、とても不思議な思いがします。時代や国も異なる中で、阿弥陀仏を大事にしてきた先人の歴史があるのです。私たちはそんな歴史の先端に生きているわけですが、これから未来に伝わるかどうか、それは私たち自身がこの教えを本当にいただくかどうかにかかっています。これからも『阿弥陀経』をとおして、仏の呼びかけ、先人の呼びかけを聞き続けていきたいと思います。

今回の書籍化にあたり、東本願寺出版の方々には大へんご苦労をおかけしました。記して謝意を表します。

二〇二〇年二月十九日　　　　一楽　真

一楽　真（いちらく　まこと）
1957（昭和32）年生まれ。大谷大学卒。現在、大谷大学教授。専門は真宗学。小松教区宗圓寺住職。著書『親鸞聖人に学ぶ―真宗入門』『この世を生きる念仏の教え』『親鸞の教化―和語聖教の世界』（以上、東本願寺出版）、『四十八願概説―法蔵菩薩の願いに聞く』『大無量寿経講義―尊者阿難、座より立ち』（以上、文栄堂）、『日本人のこころの言葉　蓮如』（創元社）など。

釈尊《しゃくそん》の呼《よ》びかけを聞《き》く　阿弥陀経入門《あみだきょうにゅうもん》

2020（令和２）年４月28日　第１刷　発行
2021（令和３）年８月28日　第２刷　発行

著　　者　一楽　真
発 行 者　但馬　弘
発 行 所　東本願寺出版（真宗大谷派宗務所出版部）
〒600-8505　京都市下京区烏丸通七条上る
TEL　075-371-9189（販売）
075-371-5099（編集）
FAX　075-371-9211
印刷・製本　シナノ書籍印刷株式会社
デ ザ イ ン　浜口彰子

ISBN978-4-8341-0619-0　C0015